wer suchet
der findet

wer suchet der findet

Biblische
Redewendungen
neu entdeckt

Alles Liebe und Gottes Segen
zum [illegible]
[illegible]

belser

Inhalt

Vorwort

Adam bis Apokalypse

Von Andreas Geldner

Es soll inzwischen Menschen geben, die bei den Posaunen von Jericho an eine Blasmusikvariante der Kastelruther Spatzen denken. Eine aktuelle Umfrage des Meinungsforschungsinstituts Allensbach hat jedenfalls beim Thema Bibelfestigkeit tiefe Wissenslücken bei den Deutschen diagnostiziert. Nur noch die Weihnachtsgeschichte ist echtes Volksgut. Immerhin 88 Prozent aller Befragten ist zu diesem Stichwort noch etwas eingefallen. Doch jenseits davon sieht es finster aus. Neunzig Prozent der jüngeren Befragten hatten etwa beim Stichwort Posaunen von Jericho von Tuten und Blasen keine Ahnung. Kein Wunder: 62 Prozent lesen gar nicht mehr in der Bibel, und nur noch vier Prozent tun dies relativ häufig.

Man muss kein Missionar sein, um den damit verbundenen Kulturverlust zu beklagen. Wer nicht mehr weiß, woher der Begriff Kainsmal kommt, was ein Menetekel wirklich ist oder warum ein Samariter barmherzig ist, der kann viele literarischen Anspielungen, ja so manches alltagsprachliche Bild nicht mehr verstehen. Ein Fundament unserer Kultur wird so zu einem Buch mit sieben Siegeln. Auch das ist übrigens eine biblische Anspielung: Die sieben Siegel werden im Buch der Offenbarung erwähnt. Dabei sind die Worte aus der Bibel auch heute noch sehr lebendig. Im Laufe der Zeit wurden sie gelegentlich auch missverstanden oder umgedeutet. Und noch im heutigen Sprachgebrauch erhalten sie neue Akzente.

Vielfältige Perspektiven bieten auch die Künstler, deren Bilder den optischen Rahmen unseres Buches bilden. Vom exakten Abbild des biblischen Wortlauts bis hin zur gewagten Interpretation oder lockeren Assoziation, vom Mittelalter bis zur Gegenwart reicht das Spektrum. Ein Rembrandt, der 1629 Judas die dreißig Silberlinge in Verzweiflungspose den Hohepriestern vor die Füße werfen lässt, umspielt künstlerisch ganz anders die biblische Bedeutung als der Maler Bernd Heisig, der 1975 beim Satz von der babylonischen Sprachverwirrung an die moderne Medienwelt denkt. Die Naivität mittelalterlicher Buchmalereien steht neben den Provokationen eines Otto Dix. Ein paar Bilder, die wir ausgewählt haben, hatten die zitierte Bibelstelle gar nicht im Sinn. Wenn Max Ernst 1926 in einem drastischen Bild die Jungfrau Maria das Jesuskind verhauen lässt, dann illustriert das aber auf seine Weise den biblischen Satz vom „Stein des Anstoßes".

Als christliche Predigten und tief schürfende theologische Auslegungen sind die bewusst knapp gehaltenen Texte nicht gedacht. Die kurzen Stücke sollen Anregungen, vielleicht manchmal Steine des Anstoßes sein – ein humorvolles Augenzwinkern hier und da ist inklusive. Sie sind aus einer wöchentlichen Reihe hervorgegangen, die von der Stuttgarter Zeitung im Jahr 2006 veröffentlicht wurde.

Vom Alten bis zum Neuen Testament geht es nun der Reihe nach um sprichwörtlich gewordene Ausdrucksweisen. Beim Neuen Testament war dabei nicht die Reihenfolge in der Bibel, sondern die logische und zeitliche Abfolge innerhalb der Evangelien das Ordnungsprinzip. Wo stehen die Texte in der Bibel? Was haben sie ursprünglich bedeutet? Und dafür müssen wir bei Adam und Eva anfangen.

Geleitwort

Von Manfred Rommel

Den Verfassern dieses Buches gebührt das doppelte Kompliment, dass sie zum Lesen eines anderen Buches, nämlich der Bibel, anregen (welcher Autor tut das schon?) und aufzeigen, wie wichtig die Bibel unabhängig von der Lutherschen Übersetzung für unsere Sprache und für unsere Kultur war und ist. Ich habe seit meinem zehnten Lebensjahr immer wieder das Bedürfnis gespürt, in der Bibel zu lesen, nicht aus dem Gefühl heraus, dazu verpflichtet zu sein, sondern aus Interesse und geistigem Vergnügen. Als Heranwachsender glaubte ich, nichts zu glauben, bis ich erkannte, dass es so etwas nicht gibt, denn wer nichts zu glauben meint, glaubt auch etwas, nämlich dass es nichts gibt. Ihre Meinung beweisen und die entgegengesetzte Meinung widerlegen können beide nicht, weder der eine noch der andere, weder wer an eine dem Menschen übergeordnete Ordnung glaubt, noch wer an eine solche Ordnung nicht glaubt. Man vergebe mir diese Kurzbeschreibung meines Entwicklungsweges, der mich dazu brachte, an Gott und seine Gebote zu glauben. Die Bibel, die Begegnungen mit den historischen Persönlichkeiten, Moses, König David, dessen Portrait die alte deutsche Kaiserkrone schmückt, mit den Weisheiten, die heute noch so aktuell sind wie vor 3000 bis 2000 Jahren, mit den Propheten und mit Jesus Christus haben mein Weltbild plausibler und reicher gemacht. Als ich dann auch noch einige Male Israel besuchen konnte und sah, dass es die Orte, von denen in der Heiligen Schrift die Rede ist, tatsächlich gibt und dass Spuren, die in die biblische Vergangenheit weisen, noch sichtbar sind, war ich begeistert, eine Gemütsverfassung, die sich bei mir nicht ohne weiteres einstellt. Die Bibel zu lesen ist ein Bildungserlebnis und ein geistiges Vergnügen. Mir ist im Lauf der Zeit bewusst geworden, wie viel das Judentum zu der Kultur des Abendlands beigetragen hat. Es fragt sich, ob der Begriff „Abendland“ oder „Europa“ nicht nur geografisch, sondern auch von den kulturellen Wirkungen her definiert werden müsste. Es ist jedenfalls ein ungewöhnlicher, ja einmaliger Vorgang, dass eine ganze Kultur samt ihrer Geschichte, den Heiligen und Helden, von einer anderen Kultur übernommen und gleichzeitig das Volk, das diese Kultur hervorgebracht hatte, erbittert und gnadenlos verfolgt wurde.

Im Zusammenhang mit der Bibel gibt es manches Seltsame, zum Beispiel finden wir ein Wort aus dem zweiten Brief an die Thessalonicher in Artikel 12 der sowjetischen Verfassung wieder, allerdings mit einem kleinen, aber entscheidenden Unterschied. Im Thessalonicherbrief heißt es: „Wer nicht arbeiten will, der soll auch nicht essen“ (Kap. 3, Vers 10), und in der sowjetischen Verfassung „Wer nicht arbeitet, der soll auch nicht essen“. Nach dem sowjetischen Text kann das Essen allen, die nicht arbeiten, entzogen werden, nach dem Bibeltext nur dem, der nicht arbeiten will. Wer die Bibel verstehen will, muss sich zur Sorgfalt im Umgang mit dem Wort erziehen. Das Wort aus dem Thessalonicherbrief hat für Hartz IV besondere

Bedeutung. Es ist zu hoffen, dass nach der Version der Bibel verfahren wird. Im übrigen sollten sich die Berliner Koalitionspartner über Hartz IV und ihre anderen Themen wenn überhaupt auf christliche Weise streiten, damit nicht auf sie zutrifft das Wort aus der Apostelgeschichte 19,32: „Etliche schrien dafür, etliche dawider, und die Gemeinde ward irre, und das mehrere Teil wusste nicht, warum sie zusammen gekommen waren."

In der Bibel gibt es scheinbare Widersprüche, so in der Frage, wie sich der Christ gegenüber der Politik zu verhalten hat. Einerseits heißt es im Römerbrief 13.1: „Jedermann sei untertan der Obrigkeit, die Gewalt über ihn hat. Denn es ist keine Obrigkeit außer von Gott. Wo aber Obrigkeit ist, die ist von Gott angeordnet". Andererseits lesen wir in der Apostelgeschichte (Apg 5,29): „Man muss Gott mehr gehorchen als den Menschen." Nach dem Grundgedanken der Bibeltexte setzt aber das Wort aus dem Römerbrief voraus, dass sich auch die Obrigkeit an die göttlichen Gebote hält. Soweit ich Behördenleiter war, traf das zu. In der politischen Auseinandersetzung ist Jesaja 41,24 beliebt: „Siehe, ihr seid aus nichts und euer Tun ist auch aus nichts und euch zu wählen ist ein Greuel". Wer dieses Zitat anwendet prüfe aber, ob diese Bibelstelle nicht ihn selber im Auge hat und er das nicht erkannt hat wegen des Balkens in seinem Auge.

Es gibt eine Menge von Formulierungen, die aus Spaß oder Unkenntnis der Bibel zugeschrieben werden, beispielsweise im Zusammenhang mit dem Fußball: „Jesus stand im Tor und die Jünger abseits". Das steht nicht in der Bibel, ebenso wenig wie das im Zusammenhang mit der Kochkunst gelegentlich angeführte Wort „Josua dämpfte den Auflauf der Amalekiter". Es trifft aber zu, dass die Bibel dem Sport keinen sonderlichen Wert einräumt. Es heißt in Timotheus 4,8: „Denn die leibliche Übung ist wenig nütze; aber die Frömmigkeit ist zu allen Dingen nütze und hat die Verheißung dieses und des zukünftigen Lebens". Wer jedoch den Text genau liest entdeckt, dass die Bibel nichts gegen den Sport hat, sofern er nicht an die Stelle des Gebets tritt. Aber welcher fromme Sportsfreund betet nicht, wenn es beim Fußball um Aufstieg oder Abstieg der eigenen Mannschaft geht? Zwar heißt es im Psalm 127,2: „Den Seinen gibt's der Herr im Schlaf." Aber Hegel hat eingewendet: „Was man im Schlaf bekommt, das ist auch danach".

Manches Bibelwort versucht der Mensch mit einer praktischen Ergänzung zu versehen, unter anderem die in Psalm 7,16 ausgesprochene Warnung: „Wer anderen eine Grube gräbt, fällt selbst hinein". „The First Law of Holes" (das erste Gesetz der Löcher) lautet beispielsweise: „If you are in one stop digging!" Das heißt in etwa: „Wenn Du schon in einem steckst, höre wenigstens auf zu graben!"

Ich wünsche den Lesern dieses Buches, dass sie in keine Gruben hinein fallen, weder in von ihnen selbst noch von anderen gegrabene, und, wenn ihnen das doch widerfahren sollte, sie die Grabung wenigstens zu einem Zeitpunkt einstellen, zu dem sie noch aus der Grube heraus gelangen.

Altes Testament

Wassily Kandinsky, „Improvisation Sintflut“, 1913

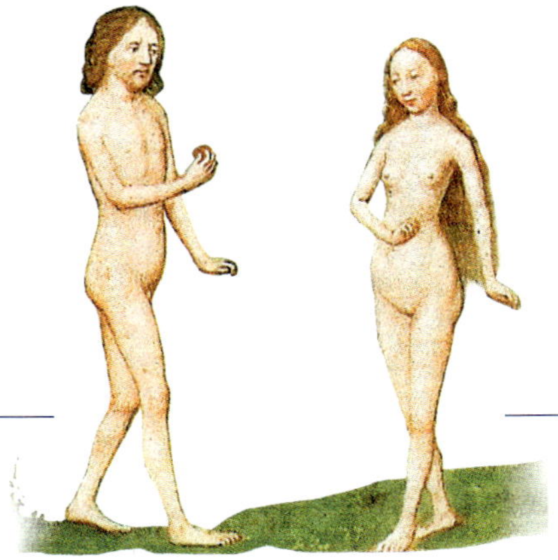

Bei Adam und Eva anfangen

Wer im Buch Genesis bei Adam und Eva anfängt, hat Entscheidendes verpasst. Gott hat da bereits das Weltall erleuchtet, allerhand Gewürm und Gesträuch geschaffen. Den Menschen hat er sich bis zum Schluss aufgehoben. „Und Gott schuf den Menschen zu seinem Bilde, zum Bilde Gottes schuf er ihn; und schuf sie als Mann und Frau", heißt es in Kapitel 1, Vers 27. Der Name Adam – hebräisch „Mensch", eventuell mit dem Wort „adamah" für Erde verwandt – fällt in unseren Bibelübersetzungen erst später. Erst nachdem Adam und seine Gefährtin vom Baum der Erkenntnis gegessen haben, taucht er auf (Genesis 3,8).

Eva heißt erst Eva – also Lebensmutter von hebräisch „chawah", die Belebte – nachdem sie und Adam das Paradies verlassen mussten: „Und Adam nannte sein Weib Eva, denn sie wurde die Mutter aller, die da leben." (Genesis 3,20) Vorher sprach Adam charmanterweise von der „Männin". Es ist daher nicht klar, wo man bei Adam und Eva wirklich anfängt. Aber vom Ende der Bibel mehr als tausend Seiten zurückzublättern zu ihrem Anfang ist jedenfalls eine sehr lange Strecke. *age*

„Das irdische Paradies"
Einleitungsbild in einer Handschrift der „Sieben Weltalter", um 1400
„Im Anfang schuf Gott Himmel und Erde." Mit diesen Worten beginnt der biblische Schöpfungsmythos. Gottes Sechstagewerk mündet in die Erschaffung der Menschen als Mann und Frau. Erst im anschließenden zweiten, älteren Schöpfungsbericht bewohnen die beiden ersten Menschen – für kurze Zeit – das irdische Paradies und erhalten die Namen Adam und Eva. Die freudige Begegnung bezieht sich auf den zweiten Bericht, nachdem die Frau aus dem in Schlaf Versenkten hervorgegangen ist – ursprünglich bestand der orientalische Mythos einer ungeteilten Geschlechtlichkeit.

Kains mal

Von wegen trocken, verstaubt oder langweilig! Schon auf den ersten Seiten der Bibel geht es zu wie im Thriller: ein wenig Sex, viel Mord und Totschlag. Die aus dem Paradies zwangsumgesiedelten ersten Menschen Adam und Eva zeugen zwei Söhne, und gleich der erste missrät über alle Maßen. Folglich gilt dieser Kain bis heute als Paradebeispiel für den notorischen Übeltäter. Ein Kainsmal will deshalb niemand tragen. Denn das stempelt einen ab als ewigen Versager oder unbelehrbaren Verbrecher. Die Bibel freilich spricht eine andere Sprache. Zwar hat Kain laut Kapitel vier des Buches Genesis den ersten Brudermord der Weltgeschichte begangen und Abel aus Neid erschlagen. Doch Gott will den bestraften Sünder mit dem Kainsmal keineswegs für immer brandmarken, sondern vor Blutrache schützen. „Der Herr machte ein Zeichen an Kain, dass ihn niemand erschlüge, der ihn fände", heißt es in Vers 15 etwas rätselhaft. Gott gibt also dem Schwerstverbrecher noch eine Chance. Das könnte zu denken geben in einer Zeit, da viele auf langes Wegschließen setzen möchten. *rau*

Fernand-Anne Piestre, gen. Cormon, „Kain", 1880
Das in einem Ausschnitt wiedergegebene Gemälde bezieht sich nicht unmittelbar auf die Geschichte von Kain und den Brudermord am Anfang der Geschichte der Menschheit „jenseits von Eden", sondern auf eine zeitgenössische literarische Bearbeitung. Cormon hielt sich an Verse in Victor Hugos Dichtung „Die Legende der Jahrhunderte": „Als Kain mit seinen in Tierfelle gehüllten Kindern, mit wirrem Haar, bleich mitten in den Stürmen, vor Jehova floh, wurde es Abend, und der finstere Mann kam in eine große Ebene am Fuß eines Gebirges." Von den Nachkommen Kains handelt das 4. Kapitel des 1. Buch Mose in den Versen 17-35.

Alt wie Methusalem

Wer wollte da noch die Überalterung der heutigen Gesellschaft beklagen? Im fünften Kapitel des 1. Buches Mose zeigt die Bibel, was Lebenskraft ist. Etwas von der paradiesischen Unsterblichkeit ist da noch übrig geblieben. Das Kapitel zählt die Vorfahren Noahs auf, und gegen deren durchschnittliche Lebenserwartung erscheinen heutzutage selbst die ältesten, sich von Kefir und Knoblauch nährenden Greise aus dem Kaukasus wie Jungspunde. Adam stirbt mit 930 Jahren. Auch einige seiner Nachkommen überspringen locker die 900er-Schwelle. Doch es ist Methusalem, in modernen Übersetzungen Metuschelach genannt, der mit 969 Jahren alle Rekorde bricht. Im jugendfrischen Alter von 187 zeugt er seinen Sohn Lamech. Angesichts solcher Vitalität ist Methusalem zu Recht unsterblich geworden und bis heute sprichwörtlich geblieben. Von da an geht es mit der Lebenserwartung nämlich langsam bergab: Noah wird nur noch 950 Jahre alt, Moses stirbt viele Seiten später schon im zarten Alter von 129. *age*

„Die Nachkommen Adams“
Urbino-Bibel, 1476–78
Das Einleitungsbild zu den Paralipomena (= Bücher der Chronik) nennt im blauen Schriftfeld die drei ersten Namen am Beginn des Stammbaums von Adam bis Abraham: Adam, Set, Enosch. Mit 930 Lebensjahren (1. Mose 5,5) verkörpert Adam mit knielangem Bart exemplarisch ein „biblisches Alter, gefolgt vom Sohn Set (912 Jahre) und vom Enkel Enosch (905 Jahre). Mit 969 Lebensjahren rückt Methusalem an die Spitze. Allerdings kennen die heutigen Bibelausgaben keine Person dieses Namens. Sowohl die revidierte Lutherbibel als auch die so genannte Einheitsübersetzung verwenden die Schreibweise Metuschelach.

ADAM·SETH·ENOS

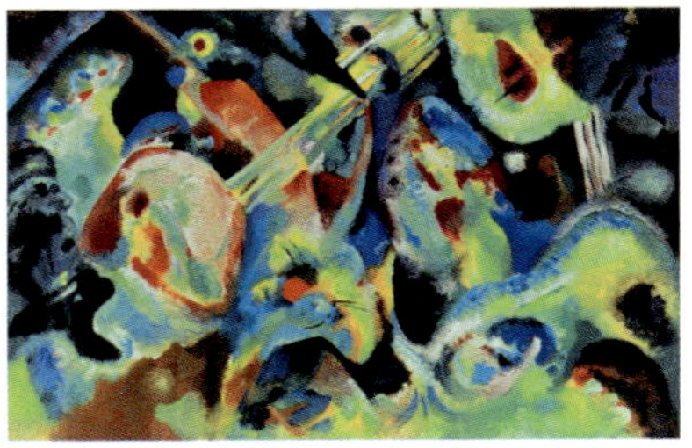

Nach mir die Sintflut

Wer angesichts von Klimawandel und Naturkatastrophen meint, es gehe nur alles den Bach runter, dem kann die Heilige Schrift Hoffnung machen. Denn die zeigt, dass es schon lange vor Erfindung von Ozonloch und Treibhauseffekt eine Überschwemmung gab, der weder Oderflut noch Hurrikans das Wasser reichen können. „Denn siehe, ich will eine Sintflut kommen lassen ... Alles, was auf Erden ist, soll untergehen." Das hatte Gott laut 1. Mose 6, Vers 17 in heiligem Zorn über Gewalt und Terror auf der Erde beschlossen. Dann öffnete der Herr die Schleusen, setzte selbst die höchsten Gipfel unter Wasser und ersäufte seine Geschöpfe. Alle – bis auf einen Frommen und dessen Anhang: der auf einem Riesenkahn geschützte Noah darf sich retten. Gott erlaubt der Menschheit damit einen Neustart. Die Folgen seines Tuns sind dem Weltenlenker nämlich nicht egal. Keine Spur also von einer Haltung, die sich am Motto „Nach mir die Sintflut" ausrichtet. *rau*

Wassily Kandinsky, „Improvisation Sintflut", 1913
Das Gemälde stammt aus der Zeit der nach dem Almanach „Der Blaue Reiter" (1912) benannten Künstlergemeinschaft. Hier entwickelte Kandinsky seine Konzeption der abstrakten Malerei, deren Farben und Formen einen „inneren Klang" erzeugen. Dem abstrakten Sintflut-Bild ging ein verschollenes Hinterglasbild voraus, das Kandinsky zufolge „Akte, die Arche, Tiere, Palmen, Blitze, Regen usw." zeigte. Manches davon hat sich erhalten. Schräge Linienbündel suggerieren niederstürzende Wassermassen, links oben lässt sich der Giebel der Arche identifizieren, rechts unten ein grün umrandeter Tierkadaver. Dieser „Improvisation" folgte die „Komposition VI" als „Hymnus der neuen Entstehung nach dem Untergang".

Babylon^ische^ Sprach^verwirrung^

Wir sind erst im elften Kapitel der Bibel angelangt, doch nach Adam und Eva, Kain und Abel sowie der Sintflut gibt es neuen Ärger zwischen Gott und seinen Geschöpfen. „Wohlauf, lasst uns eine Stadt und einen Turm bauen, dessen Spitze bis an den Himmel reiche, damit wir uns einen Namen machen", sagen die selbstbewussten Menschen im Vers 4. Gerade haben sie eine Hochtechnologie erfunden, den Ziegelbau. Die Bibel beschreibt die Technik bis ins Detail. In Babel, der Hauptstadt der Babylonier, ist ein solcher Ziegelturm ausgegraben worden. Trotz aller architektonischen Höhenflüge muss der HERR ganz tief blicken und vom Himmel herabsteigen, um sich die irdische Baustelle anzusehen. Er hält die Menschen danach für größenwahnsinnig. „Wohlauf, lasst uns herniederfahren und dort ihre Sprache verwirren, dass keiner des anderen Sprache verstehe", sagt Gott in Vers 7. Und so geschieht es. Der Name Babel komme von „balal" – hebräisch „verwirren" – heißt es zum Schluss. Ob Babel aber wirklich etwas mit „Gebabbel" zu tun hat, bezweifelt die Sprachwissenschaft. *age*

Bernd Heisig, Neues vom Turmbau, 1975
Heisig zitiert im oberen Teil eine Darstellung des Turmbaus zu Babel von Pieter Bruegel d. Ä., also aus dem späten 16. Jh., in dem der Konfessionalismus zu Formen der religiösen Sprachverwirrung führte. Neu ist der Turmbau der Massenmedien im 20. Jh., indem sie einerseits eine weltumspannende Kommunikation propagieren, andererseits Macht über sprachverwirrte und schließlich sprachlose Objekte ausübten. Am unteren Rand versinkt ein Mann mit Mikrofon, darüber präsentieren sich eine Sängerin und ein Mann mit einem Fußball als „Brett vor dem Kopf". Ein TV-Gerät lastet als Alp auf der Brust eines seiner Konsumenten. Kabel symbolisieren die gegenwärtige babylonische Sprachverwirrung.

Sodom und Gomorra

Wenn Else Kling, die von Amts wegen auf Ordnung bedachte Hausmeisterwitwe aus der Fernsehserie „Lindenstraße“, mit leichter Lautverschiebung von „Sodom und Gomera“ sprach, dann ging’s im Fernsehen besonders liederlich zu. So wird eine Geschichte der Bibel in unsere Wirklichkeit übersetzt. Die Bürger der Städte Sodom und Gomorra trieben es laut 1. Mose mit Gottlosigkeit und Ausschweifungen so bunt, dass sich schließlich der Herr persönlich der Sache annahm. Erst schickte er Sonderermittler, dann fällte er ein hartes Urteil: Tod für alle Einwohner. „Da ließ der Herr Schwefel und Feuer regnen vom Himmel herab ... und vernichtete ... die ganze Gegend“, heißt es in Kapitel 19. Nicht nur die Kollektivstrafe mutet heute merkwürdig an. Auch das geschilderte Verbrechen ist keins mehr: Die heilige Pflicht der Gastfreundschaft war verletzt und gleichgeschlechtliche Liebe verlangt worden. Gott selbst scheint übrigens nicht immer so strenge Maßstäbe anzulegen. Nur wenige Zeilen später sieht er milde darüber hinweg, dass der als Einziger mit seinen Töchtern aus Sodom gerettete Lot doppelten Inzest betreibt. *rau*

Otto Dix, „Lot und seine Töchter“, 1939
In altmeisterlicher Manier hat Otto Dix die Blutschande Lots und seiner beiden Töchter nach ihrer Rettung aus Sodom dargestellt. Von den Töchtern mit Wein berauscht, schwängerte Lot die beiden, und so entstanden die Stammväter der Moabiter und der Ammoniter (1. Mose 19,30-37). Im Hintergrund wird Sodom im Feuersturm vernichtet. Zur Stadtsilhouette am Fluss gehört als ein Wahrzeichen von Dresden (hier lehrte Dix an der Akademie von 1927 bis zu seiner Entlassung 1933) die Kuppel der Frauenkirche. Insofern hat Dix bei Kriegsbeginn den Untergang von Dresden im Februar 1945 befürchtet.

Das Land, wo Milch und Honig fließt

Frische Milch ergießt sich ins Glas, dann perlt Honig hinein. Einmal umrühren – und das Wasser läuft im Mund zusammen. Man kann sich vorstellen, wie solch ein Versprechen auf ein Nomadenvolk wirkte, das vor seinem Marsch durch die Wüste mit solch einer Verheißung angespornt wurde. Vor dem Exodus aus Ägypten, bei der Berufung des Mose, spricht Gott im brennenden Dornbusch davon, dass er die Israeliten hinausführen will „in ein gutes und weites Land, in ein Land, darin Milch und Honig fließt" (2. Mose 3,8). Das bedeutete für die Menschen damals aber etwas anderes als die weiße Milchflasche oder der goldene Honig im Supermarktregal. Sie verbanden damit Wälder und Grasland, eine Landschaft, in der üppige Gräser und Blumen die Bienen anlockten. Milch war ein Lebensmittel, das in allen Jahreszeiten verfügbar war; Honig verdarb zudem nicht. Wer sich die kargen Landschaften Israels vor Augen führt, stellt freilich fest, dass die Vision von der Wald- und Wiesenlandschaft recht vollmundig war. Heute wirkt passenderweise die Redewendung von Milch und Honig oft wie die Beschreibung einer Utopie. *age*

Maerten de Vos, „Die Israeliten sammeln das Manna", nach 1570
Das Thema das flämischen Manieristen Vos ist hier eine Bekräftigung der Verheißung des Gelobten Landes, nachdem sie angezweifelt worden ist (2. Mose 16). Quälender Hunger in der Wüste verklärte die „Fleischtöpfe Ägyptens", von denen die Befreiten nun getrennt sind. Doch Gott spendet auf wundersame Weise etwas zu essen, das in Krügen gesammelt wird. „Und das Haus Israel nannte es Manna. Und es war wie weißer Koriandersamen und hatte einen Geschmack wie Semmel mit Honig, auch Honigkuchen genannt (2. Mose 16,31). Links weist Moses Stab hinauf zur Herkunft des Himmelsbrotes. Aaron ist bereits als Hoherpriester gekleidet (vgl. Vers 33).

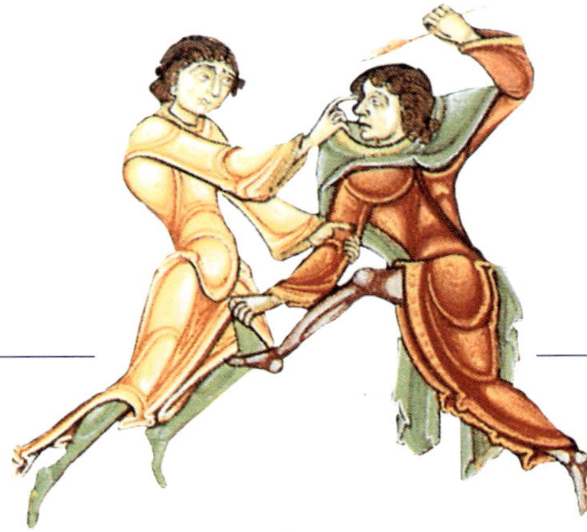

Auge um Auge, Zahn um Zahn

Diese biblische Maxime aus dem zweiten Buch Mose gilt gemeinhin als primitiv, kindisch, antiquiert und brutal. Tauglich erscheint sie wohl nur noch als Strickmuster für Actionfilme der Marke Rambo. Das Alte Testament predige hier Rache – glaubt man. Doch das ist ein Vorurteil. Das Buch der Bücher will nämlich – im Gegenteil – die Vergeltungssucht der Menschen von damals bremsen. Bei Mord soll nicht gleich die komplette Familie des Mörders dran glauben. Gerade hat Mose die Zehn Gebote vom Herrn empfangen, da präsentiert die Bibel postwendend eine Art Langfassung: Ein Gesetzesbuch, das haarklein alle möglichen Konfliktfälle der früheren Ackerbauern regelt, vom Diebstahl bis zu sexuellen Verfehlungen. Bei Körperverletzung werden auch Entschädigungszahlungen vorgeschrieben. Erst danach heißt es in Kapitel 21: „Entsteht ein dauernder Schaden, so sollst du geben Leben um Leben, Auge um Auge, Zahn um Zahn, Hand um Hand, Fuß um Fuß, Brandmal um Brandmal". Die Strafe für ein Verbrechen orientiert sich folglich am Schaden. Dieser Grundsatz gilt auch in unserem Rechtssystem. *rau*

„Ein Ägypter schlägt einen Hebräer und wird von Mose erschlagen"
Winchesterbibel, um 1150
Dem mosaischen Grundsatz über die Angemessenheit von Vergeltung geht in der Lebensgeschichte des Mose genau das Gegenteil voraus: Ein ägyptischer Aufseher züchtigt einen der zum Frondienst gezwungenen Hebräer und wird dafür von Mose erschlagen (2. Mose 2,1-2). Diese Episode ist das Thema der historisierten, also erzählenden Initiale, wobei der Querstrich des Buchstabens H die beiden Szenen im Sinne von Aktion und Reaktion trennt. Die romanische Winchesterbibel ist generell mit dieser Art von Initialen ausgestattet. Sie treten an die Stelle einer Bebilderung durch selbstständige Miniaturen.

Der Tanz ums Goldene Kalb

Goldene Kälber gibt es viele, auch heute: Macht, Geld, Besitz, Prestige. Immer ist das etwas, was mit der Befriedigung menschlicher Triebe und Bedürfnisse zu tun hat. Wer heute den Ausdruck gebraucht, meint damit die Wertschätzung von Dingen, die das nicht verdienen. Das erste Goldene Kalb war ein echter Götze zum Anfassen. Gerade ist Mose, der einen sehr abstrakten Gott predigt, auf dem Sinai verschwunden, um die zehn Gebote zu empfangen. Die Israeliten im Tal, die schon lange durch die Wüste irren, ja sein eigener Bruder Aaron, fühlen sich verlassen. „Da riss alles Volk sich die goldenen Ohrringe von den Ohren und brachte sie zu Aaron. Und er nahm sie von ihren Ohren und bildete das Gold in einer Form und machte ein gegossenes Kalb" (2. Mose 32,3-4). Das mit dem Tanz ist noch vornehm ausgedrückt. „Und sie standen auf, um ihre Lust zu treiben", heißt es. Als Gott das Volk vernichten will, bittet Mose um Gnade. Es kommt, wie so oft: „Da gereute den HERRN das Unheil, das er seinem Volk zugedacht hatte." Mose richtet unter den Abtrünnigen zwar ein grausames Massaker an – aber Israel als Ganzes kommt davon. *age*

Emil Nolde, „Der Tanz um das goldene Kalb", 1910
In den Jahren um 1910 beschäftigte sich der Expressionist intensiv mit biblischen Themen. Sein „Tanz um das goldene Kalb" steht zugleich im Zusammenhang zahlreicher Darstellungen orgiastisch anmutender Tänzerinnen. Hier entflammen die Leidenschaften im Gelb, Rot und Orange der gesichtslosen Gestalten mit emporgeworfenen Armen und stampfenden Beinen. Während Josua das „Schreien und Lärmen" als Anzeichen von Kämpfen im Lager deutet (2. Mose 32,17), erkennt Mose den wahren Grund. Das Kultbild befindet sich bei Nolde im oberen Bildstreifen unmittelbar über dem schwarzen Haar der mittleren Tänzerin.

Emil Nolde

Jemandem die Leviten lesen

Alles andere als lustig ist es, die Leviten gelesen zu bekommen. Da wird einem nämlich der Kopf gewaschen, wird man Mores gelehrt, zurechtgewiesen, prasselt eine Strafpredigt auf den armen Sünder herab. Gar nicht lustig ist es auch, das Buch Leviticus, von dem sich die Redewendung ableitet, in der Bibel durchackern zu müssen. Dutzende von Seiten wird der Leser mit kultischen Vorschriften etwa über „Brandopfer, Speiseopfer, Sündopfer, Schuldopfer, Priestereinsetzungsopfer und Heilsopfer" gelangweilt. Viele Regeln wenden sich an die im alten Israel „Leviten" genannten Priester. Sich durch die endlose Vorschriftenreihe zu kämpfen, wirkt für gewöhnliche Gläubige wie eine Qual. Das empfand wohl auch Chrodegang von Metz, der das Copyright für unser Sprichwort hat. Der Bischof wollte vor mehr als 1200 Jahren seine zuchtlose Geistlichkeit wieder auf den rechten Pfad weisen, auch mit Buß- und Andachtsübungen. Dabei las er gern aus „Leviticus" – dem dritten Buch Mose – vor. Dann folgte die Ermahnung. Ob seine Jungs hernach hübsch brav waren, fragt man sich freilich. *rau*

„Unreinheit bei Männern"
Wenzelsbibel, um 1400
Hier ist es Mose aus dem Stamm Levi, der einem Mann „die Leviten liest" bzw. als Priester vor einem Altar das Sündopfer entgegennimmt, nachdem der Mann sich mit Wasser gereinigt hat. Die zweigeteilte Miniatur illustriert eines der Reinheitsgesetze, von dem das Buch Levitikus (3. Mose) im 15. Kapitel handelt. Das Bild gehört zur reichen buchmalerischen Ausstattung einer monumentalen Prachthandschrift der Bibel in einer um 1375 entstandenen Übersetzung in das Prager Deutsch. Auftraggeber war der böhmische, dann römisch-deutsche König Wenzel. Allerdings blieb das Werk der Prager Wenzelswerkstatt unvollendet.

Zum Sündenbock machen

Überall meckern und keckern diese Viecher. In fast jeder Gruppe der menschlichen Gesellschaft mähähäät einer von ihnen ganz überhörbar. Sündenböcke werden nie eine bedrohte Spezies sein – die Suche nach ihnen ist ein allzu menschlicher Zeitvertreib. Hinter dem Ausdruck steckt ein urtümliches Verständnis des religiösen Opfers. Der zornige Gott musste real, nicht nur symbolisch durch Opfergaben besänftigt werden. „Und er soll von der Gemeinde der Israeliten zwei Ziegenböcke entgegennehmen zum Sündopfer und einen Widder zum Brandopfer", lautet Gottes Anweisung zum Tempeldienst, die er Mose und dessen Bruder Aaron erteilt (3. Mose 16,5-15). Und weiter: „Danach soll er den Bock, das Sündopfer des Volks, schlachten und sein Blut hineinbringen hinter dem Vorhang." Mit dem Blut sollte das Heiligtum entsühnt werden. Vielleicht ist ein solcher stellvertretender Reinigungsakt für das Zusammenleben fast ein humanerer Weg als das Dauermobbing von Mitmenschen. *age*

William Holman Hunt, „Der Sündenbock", 1854/55
Hunt, 1848 in London ein Gründungsmitglied der „Bruderschaft der Präraffaeliten", reiste 1854 über Ägypten nach Palästina. Ihn leitete die Überzeugung, dass eine zeitgemäße künstlerische Beschäftigung mit alttestamentlichen Themen die Kenntnis des Vorderen Orients voraussetze. In diesem Sinne verbindet das Gemälde „Der Sündenbock" eine realistische, auf Landschafts- und Tierstudien im Heiligen Land beruhende Darstellungsweise mit dem Versuch, die symbolische Bedeutung dieses Sühneopfers zum Ausdruck zu bringen.

DEAD SEA

Alle Jubeljahre einmal

Wer nur alle Jubeljahre, also sehr selten, seine Nase in die Bibel steckt, wird kaum über das „Jubeljahr“ stolpern. Denn das versteckt sich unter einem Berg von kultischen Vorschriften. Den abtragen zu müssen, versetzt niemand in Jubelstimmung. Feierlaune könnte aber beim Lesen aufkommen. Was der Herr im 25. Kapitel des 3. Buch Mose verheißt, klingt nämlich nach sozialistischem Freizeitparadies. „ ... ruft Freiheit für alle Bewohner des Landes aus! Es gelte euch als Jubeljahr. Jeder von euch soll zu seinem Grundbesitz zurückkehren ... Ihr sollt nicht säen, den Nachwuchs nicht abernten, die unbeschnittenen Weinstöcke nicht lesen ... Vom Feld weg sollt ihr den Ertrag essen.“ Also Dolce far niente? Von wegen! Im Hintergrund steht vielmehr die Absicht, Gottes Herrschaft über Zeit und Raum zu würdigen und mit Schuldenerlass oder der Rückgabe von Grundbesitz einen gesellschaftlichen Neustart zu ermöglichen. Den schreibt die Bibel nicht häufig, sondern nur alle fünfzig Jahre vor. Die Vorstellung klingt ein wenig weltfremd, erlebt heute aber als „Auszeit“ oder Schuldenerlass für Entwicklungsländer ihr Comeback. *rau*

Ben Shahn, „Dritte Allegorie“, 1955
Diese biblische Allegorie verbindet das Blasen des kultischen Widderhorns Schophar am Beginn des Sabbatjahres und des Erlassjahres mit den beiden Gesetzestafeln vom Berg Sinai. Ein Löwe, der sie trägt, symbolisiert im Buch der Sprichwörter (Sprüche Salomos) die Sicherheit des Gerechten. Der gebürtige Litauer Shawn kam 1906 mit seiner jüdisch-orthodoxen Familie in die USA. Sein bekanntestes Werk ist der Zyklus „Sacco und Vanzetti“ (1927) über zwei Immigranten, die einem Justizirrtum zum Opfer gefallen sind. 1971 erschien postum die kalligrafische „Halleluja-Suite“.

Ben Shahn

Einen Denkzettel verpassen

Am Ursprung dieser Redewendung steht wohl ein Missverständnis. „So nehmt euch nun diese Worte zu Herzen und in eure Seele und bindet sie zum Zeichen auf eure Hand und macht sie zum Merkzeichen zwischen euren Augen“, sagt Gott im 5. Buch Mose (11,18). Fromme Juden verstehen diese Aufforderung nicht symbolisch, sondern nehmen sie ganz wörtlich. Sie wollen sich im Gebetsritual Gottes Gebote greifbar vor Augen halten. Auch heute befestigen orthodoxe Juden kleine Kapseln mit auf Zetteln geschriebenen Bibelsprüchen auf der Stirn und am linken Arm. Martin Luther hat dies 1522 bei seiner Bibelübersetzung mit einem aus dem damaligen Rechtswesen bekannten Begriff übersetzt. „Denkzettel“ hieß damals eine schriftliche Vorladung vor Gericht. Dieser unangenehme Beiklang hat wohl dazu beigetragen, dass aus einer positiv verstandenen Erinnerungshilfe etwas Negatives werden konnte. Wer heute jemandem einen Denkzettel verpasst, will nicht nett sein: „Ich tue dir weh, damit du dich immer an mich erinnerst“, heißt das. So gemein wollte Gott im Alten Testament nicht sein. *age*

Marc Chagall, „Betender Jude (Der Rabbi von Witebsk)“, 1914
Der Rabbiner trägt das „Merkzeichen zwischen den Augen“, indem am Gebetsriemen um den Kopf eine Kapsel befestigt ist. Sie enthält Texte aus der Thora. Dies gilt auch für die Kapsel, die am Gebetsriemen um den Arm und in der Armbeuge befestigt ist. Um die Schulter ist der Gebetsschal gelegt. Das Gemälde entstand nach Marc Chagalls Rückkehr von Berlin nach Witebsk, der russischen Heimat des Künstlers, bedingt durch den Ausbruch des Ersten Weltkriegs. Jesus kritisierte die Zeichen einer zur Schau gestellte Frömmigkeit, vor allem der Schriftgelehrten: Sie „machen ihre Gebetsriemen breit und die Quasten an ihren Kleidern groß“ (Mt 23,5).

Wie seinen Augapfel hüten

Fast könnte man meinen, Religion wirke wie ein hoch dosiertes Antiagingmittel, jedenfalls bei Mose. Der Prophet hat gerade 120 Jahre hinter und den Tod kurz vor sich, da kann er laut Bibel noch locker zu einem geistigen und stimmlichen Höhenflug ansetzen. So gibt der Prophet im „Lied des Mose" seinem Volk kurz vor dessen Einzug ins gelobte Land noch höchste Poesie mit auf den Weg: „Meine Lehre rinne wie der Regen, und meine Rede riesele wie Tau, wie der Regen auf das Gras und wie die Tropfen auf das Kraut." So lieblich klingen seine Worte zu Beginn des 32. Kapitels vom 5. Buch Mose. Dann fließen die vom Schöpfer eingeflüsterten Verse, eine Art Vermächtnis formulierend. Der Text schildert die Macht des Herrn, und wie er sich seines Volkes annahm: „Er umfing ihn und hatte Acht auf ihn. Er behütete ihn wie seinen Augapfel", heißt es über den Erzvater Jakob in Vers 10. Gott kümmert sich also um seine Geschöpfe, schützt sie, hält sie wert, pflegt sie wie den kostbarsten und verletzlichsten Teil seiner eigenen Person. Die Botschaft könnte auch heute noch Mut machen. *rau*

Rembrandt, „Jakob ringt mit dem Engel", 1659/60
Das Gemälde aus Rembrandts Spätwerk steht in einer Bildtradition, die jene Gestalt, mit der Jakob bei der Überquerung des Jabbok ringt, als Engel deutet (1. Mose 32,23-33). Doch Jakob erkennt: „Ich habe Gott von Angesicht gesehen, und doch wurde mein Leben gerettet." In diesem Sinne charakterisiert Rembrandt den Kampf als schützende Umarmung des Engels. Es ist die Szene, in der Jakob den neuen Namen Israel erhält. Diesen Erzvater des auserwählten Volkes besingt das Lied des Mose.

Über den Jordan gehen

Wieder so eine Redewendung, die zunächst nicht fromm, sondern schnoddrig klingt. Pietätvoll ist es nicht, wenn man heute jemanden über den Jordan gehen lässt. Doch in der Bibel hat dieser Satz einen ganz anderen Kontext. Endlich nach vielen Jahren der Wüstenwanderung stehen die Israeliten am Ziel ihrer Träume. Drüben über dem Jordan ist das Gelobte Land – und Gott lässt gleich ein Wunder geschehen, indem er die Wassermassen aufhält: „Und ganz Israel ging auf trockenem Boden hindurch, bis das ganze Volk über den Jordan gekommen war.“ (Josua 3,17). Aber woher kommt die Verbindung zum Sterben? Ein möglicher Anknüpfungspunkt ist, dass Moses kurz zuvor tatsächlich stirbt – und dabei über das fruchtbare Jordantal blickt. Doch die heutige Bedeutung hat wohl weniger jüdische Wurzeln. Im Judentum ist die Vorstellung vom schönen Jenseits nicht stark ausgeprägt, aber für fromme Christen ist das Himmelreich das Gelobte Land: Wer stirbt und über den Jordan geht, der hat es gut. Genau genommen ist also der Satz vom Jordan netter, als man denkt. *age*

Hans Baldung Grien, „Schönheit und Tod“, um 1509–11
Das Thema des Sterbens ist hier allegorisch dargestellt. Die Gruppe stammt gleichsam aus einem Totentanz, wobei die traditionelle Personifikation des Todes als „Knochenmann“ drastisch variiert wird: Er ist nicht fein säuberlich skelettiert, sondern befindet sich im Zustand der Verwesung. Seine Rechte hält eine Sanduhr als Stundenglas über die Frau als Personifikation der Schönheit mit einem Spiegel als Symbol der Eitelkeit. Der Spiegel symbolisiert zugleich die Vanitas, die Vergänglichkeit, denn er offenbart das fortschreitende Altern. Von links versucht ein Jüngling, dem Tod Einhalt zu gebieten, und zu seinen Füßen jammert ein kleiner Cupido; auch er ist machtlos.

David gegen Goliat

Wenn der Kleine dem Großen eins auswischt oder der Schwache den Starken besiegt, freut sich das Publikum. Denn der Normalbürger würde ja gern dem Mächtigeren ein Schnippchen schlagen. Auch David erscheint in seinem Kampf mit Goliat laut Bibel zunächst chancenlos: Hier der unerfahrene, aber mutige und gläubige Hirtenjunge, dort der gepanzerte, streitsüchtige Landsknecht – ein Trumm von einem Mann, laut 1. Samuel 17 rund drei Meter groß. Dieser Vorkämpfer vom Volk der Philister hatte dem Volk Gottes eine Entscheidungsschlacht Mann gegen Mann angeboten. Doch den Israeliten schlottern bei seinem Anblick die Knie, was verständlich ist. Unverständlich aber wirkt die Entschlossenheit Davids. Ohne Schwert und Rüstung, dafür mit Verstand, Kieselstein und Schleuder legt der den Riesen flach. So weit ist David ganz Sympathieträger. Dann fällt er aber aus der Rolle: „Da lief er hin und trat zu dem Philister und nahm dessen Schwert und zog es aus der Scheide ... und hieb ihm den Kopf damit ab." Trotz der anekdotenhaften Verklärung der Episode kommt hier keine reine Schadenfreude auf.

rau

Caravaggio, „David mit dem Haupt des Goliat", 1605/06

Weder die Größenverhältnisse zwischen dem Hirtenjungen aus Bethlehem und dem sprichwörtlichen Riesen noch der Gegensatz zwischen der waffenstrotzenden Ausrüstung des Philisters und der Schutzlosigkeit des Israeliten kennzeichnet das Gemälde Caravaggios. Vielmehr richtet sich ein greller Lichtkegel auf die mühelose Geste, mit der David seine mit krassem Realismus dargestellte Siegestrophäe vorweist. Parallel dazu blitzt links unten das Schwert auf, das David seinem mit der Steinschleuder getöteten Gegner abgenommen hat, um ihn zu enthaupten.

Ein Salomonisches Urteil

Die Geschichte hat Bertolt Brecht so fasziniert, dass er das Motiv abgewandelt in seinem „Kaukasischen Kreidekreis“ verwendet hat: Zwei Frauen, die in der Bibel als Huren bezeichnet werden, streiten vor König Salomo erbittert um das Recht an einem kleinen Kind. Der königliche Richter macht einen auf den ersten Blick grausamen Vorschlag. Die Frauen sollen das Kind mit dem Schwert zerteilen. Die leibliche Mutter bringt das nicht übers Herz: „Ach, mein Herr, gebt ihr das Kind lebendig und tötet es nicht!“ sagt sie (1. Könige 3,26). Ihre Gegnerin ist hingegen einverstanden. Für Salomo der Beweis, wer die Mutter ist – er spricht das Kind der Frau zu, die wahre Kindesliebe gezeigt hat. Ganz Israel ist beeindruckt „denn sie sahen, dass die Weisheit Gottes in ihm war, Gericht zu halten“. Es ist aus heutiger Sicht eine robuste Weisheit, die aus dem Urteil spricht. So viel Handfestigkeit lag im Geist der damaligen Zeit. Kurz zuvor hatte Salomo mit seinem Bruder kurzen Prozess gemacht. Dessen raffinierte Bitte um eine Braut, die seine Chancen auf den Thron befördern könnte, besiegelt das Todesurteil: „Diese Bitte soll Adonija sein Leben kosten“, sagt Salomo – und fällt da ein gar nicht salomonisches Urteil. *age*

Piero della Francesca, „Salomo und die Königin von Saba“, um 1460
Der Bericht über Salomos Urteil mündet in eine im ganzen Volk verbreitete Erkenntnis, dass „die Weisheit Gottes in ihm war“. Dieser Ruf erreicht auch die Königin im Reich Saba im Gebiet des heutigen Jemen, verbunden mit Berichten über die Macht und den unermesslichen Reichtum des Königs und Bauherrn des Tempels. „Und als die Königin von Saba die Kunde von Salomo vernahm, kam sie, um Salomo mit Rätselfragen zu prüfen“ (1. Könige 10,1). Das Doppelbildnis des schlicht gekleideten Königs und der durch Schönheit geadelten Königin gehört zum zehnteiligen Freskenzyklus „Die Legende vom Heiligen Kreuz“.

In Sack und Asche gehen

Wer in Sack und Asche geht, könnte sich auch „Asche aufs Haupt“ streuen oder in „Staub und Asche sitzen“. Am Passendsten wäre es aber wohl, gleich im Boden zu versinken vor Scham über den eigenen Fehler und die eigene Schuld. Die scheint nämlich so groß, dass dem Betroffenen nur hilft, das unkleidsame Büßergewand überzustreifen und Vergebung zu erflehen. In der Bibel freilich hat der erste Träger dieser frommen Mode nichts ausgefressen und so eigentlich nichts zu bereuen. „Als Mordechai alles erfuhr, was geschehen war, zerriss er seine Kleider und legte den Sack an und tat Asche aufs Haupt und ging hinaus mitten in die Stadt und schrie laut klagend“, heißt es im vierten Kapitel des Buches Ester. Der gläubige Jude Mordechai drückt so seine Trauer über einen in Persien geplanten Judenmord aus. Davon hat der Onkel Esters gerade erfahren und nutzt mit der Asche ein schon in der Antike und bis zum heutigen Aschermittwoch gültiges Symbol der Vergänglichkeit. Das Motiv für das Verbrechen wird in der Bibel zwar nur ansatzweise klar. Bezeichnend dafür ist, dass die Untat doch noch unterbleibt. Die Jüdin und Frau des Perserkönigs Ester stoppt das Mordkomplott. *rau*

Rembrandt, „Ahasveros, Mordechai und Haman“, um 1660

Das Gruppenbild zeigt in der Mitte den persischen König Ahasveros (auch Artaxerxes genannt), zu seiner Rechten den jüdischen Vertrauten Modechai und zu seiner Linken Haman, der den Völkermord an den Juden plant und zuletzt hingerichtet wird. Vermutlich entstand das Gemälde unter dem Eindruck des Ester-Dramas „Hester“ von Joannes Serwouters, das seinerseits unter dem Eindruck eines Pogroms entstanden ist, das 1648/49 in Polen gewütet hat; zahlreiche osteuropäische Juden flohen in den Westen, darunter auch nach Amsterdam.

Hiobsbotschaft

Wenn es doch nur eine einzige Hiobsbotschaft gewesen wäre, die den Dulder aus dem Alten Testament getroffen hätte! Doch für den frommen und gottesfürchtigen Mann reiht sich im Buch Hiob Unglück an Unglück. Ein Bote nach dem anderen bringt ihm neue Hiobsbotschaften: Erst werden seine Knechte erschlagen und seine Eselinnen geraubt, dann fällt Feuer vom Himmel und verzehrt seine Schafe; danach verliert er seine Kamele – und am Ende zerstört ein Wüstensturm sein Haus, dessen Trümmer seine Söhne und Töchter begraben. „Der Herr hat's gegeben, der Herr hat's genommen“, kann Hiob nur noch sagen. Danach wird er auch noch mit Geschwüren geschlagen. Ergreifend beschreibt die Bibel die Solidarität von Hiobs Freunden: „Sie saßen mit ihm auf der Erde sieben Tage und sieben Nächte und redeten nichts mit ihm; denn sie sahen, dass der Schmerz sehr groß war.“ Das übrige Buch ist ein Wechselspiel zwischen den Reden der Freunde, die Gott rechtfertigen, und der Klage Hiobs. Am Ende offenbart sich ihm Gott selbst in seiner Allmacht – und gewährt einen Neuanfang. Mit mehr Vieh und mehr Kindern als zuvor beschließt der Dulder sein Leben. „Hiob starb alt und lebenssatt,“ so lautet das Happy End. *age*

Albrecht Dürer, „Hiob im Elend“, um 1503-05
Hiob wird von seiner Frau mit Wasser übergossen. Will sie ihn, der „in der Asche sitzt“, reinigen? Oder spiegelt diese Handlungsweise ihren Spott und Zorn: „Hältst du noch fest an deiner Frömmigkeit? Sage Gott ab und stirb!“ (Hiob 2,9). Das Gemälde war ursprünglich die Außenseite des linken Flügels eines Altars in der Hauskapelle eines Kölner Patriziers Jabach; er wird daher als Jabach-Altar bezeichnet.

Wer andern eine Grube gräbt

Handelt es sich um schwarzen Humor, geschmacklose Komik oder um Gedankenlosigkeit? Das fragt man sich beim Blick auf eine von Forschern entdeckte Inschrift eines jüdischen Grabes auf der Schwäbischen Alb. „Wer eine Grube gräbt, fällt selbst hinein", heißt es dort über einen verstorbenen Totengräber. „Der Arme!" möchte man ausrufen. Zu Lebzeiten hatte er einen nicht gerade leichten Job, und jetzt macht sich auch noch die Nachwelt über ihn lustig! Denn der Spruch gilt als Ausdruck von Schadenfreude. Doch solche Pietätlosigkeit hätten sich die frommen Hinterbliebenen früher natürlich nie erlaubt. Sie wollten vielmehr den damals ehrenvollen Dienst des Verblichenen würdigen und das Lob mit einem Bibelwort garnieren. „Siehe, er hat Böses im Sinn, mit Unrecht ist er schwanger und wird Lüge gebären. Er hat eine Grube gegraben und ausgehöhlt – und ist in die Grube gefallen, die er gemacht hat", heißt es im siebten Psalm. Er gibt den Glauben an den gerechten Gott wieder: Der Übeltäter wird bestimmt bestraft. Der Wohltäter freilich kann wie der treu dienende Totengräber mit himmlischer Belohnung rechnen. *rau*

Pieter Bruegel d. Ä. „Die niederländischen Sprichwörter" (Detail), 1559
Zunächst lässt der Ausschnitt vermuten, hier handle es sich um den sprichwörtlichen Gräber einer Grube, etwa für das Paar, das sich von links nähert: Die Frau hat dem Mann einen blauen Mantel umgehängt, was bedeutet: Sie betrügt ihn. Bei genaueren Hinsehen wird klar: Ein Kalb ist in eine mit Wasser gefüllte Grube gefallen, und nun wird die Grube zugeschüttet. Auf niederländisch: „Als ‚t kalf verdronken is, dempt men de put" (Wenn das Kalb ertrunken ist, schüttet man den Graben zu. In übertragenem Sinn: Wenn das Kind in den Brunnen gefallen ist, deckt man ihn zu – nachdem das Kind gerettet worden ist; man trifft Vorsorge).

Bleibe im Lande und nähre dich redlich

Klingt der Spruch nicht wie das muffeligste Biedermeier? Da ist er, der erhobene Zeigefinger der Großmutter, die vor frechen Abenteuern warnt: Du, du, du – schön brav sein! Doch wer in den Psalm 37 blickt, aus dessen Vers 3 das stammt, wird überrascht. Das Land, um das es geht, ist kein Ort zum Kuscheln. „Die Gottlosen ziehen das Schwert und spannen ihren Bogen, dass sie fällen den Elenden und Armen und morden die Frommen, heißt es dort. Von wegen Biedermeier! In dem Spruch steckt ein Aufruf zu Selbstdisziplin und Gewaltlosigkeit, wie er auch der Bergpredigt im Neuen Testament würdig wäre. Es ist freilich ein antirevolutionärer Satz und eine harte moralische Herausforderung. Er warnt die Menschen davor, den Kampf gegen das Böse auf eigene Faust aufzunehmen. Eine Kapitulation vor den Zuständen bedeutet das allerdings nicht: Nicht davonlaufen, so lautet die Botschaft. Einer der Schlussverse fasst die zähe Hoffnung auf Veränderung zusammen: „Ich sah einen Gottlosen, der pochte auf Gewalt und machte sich breit und grünte wie eine Zeder. Dann kam ich wieder vorbei; siehe, da war er dahin.“ Wer würde einem vermeintlich spießigen Satz einen so dramatisch-poetischen Kontext zutrauen? *age*

Palma il Vecchio, „Jakob und Rahel“, um 1520-25
Mit der Begegnung zwischen Jakob und Rahel (1. Mose 29,9-12) beginnt die dramatische Geschichte von der vorübergehenden Sesshaftigkeit Jakobs im Dienst seines Onkels Laban. Denn um Rahel zur Frau zu bekommen, soll er sieben Jahre lang dafür arbeiten. Es folgen weitere sieben Jahre, um die geliebt Rahel zu erhalten. Zwar kann Jakob davon ausgehen, mit den ersten sieben Jahren seines Dienstes Rahel bereits erworben zu haben, doch wird ihm in der Hochzeitsnacht Rahels ältere und körperlich benachteiligte Schwester Lea (ihre „Augen waren ohne Glanz“) untergeschoben (1. Mose 29,23).

Jemanden unter die Fittiche nehmen

Was man mit Fittichen alles anstellen kann, ist höchst erstaunlich. Der Mutlose lässt die „Fittiche hängen“, dem Aufmüpfigen werden sie gestutzt, und der Übeltäter wird vielleicht beim „Fittich gekriegt“, also erwischt. Freundlich, fröhlich oder herzlich hört sich das alles nicht an. Einen lieblicheren Klang hat aber das Bibelwort. „Lass mich wohnen in deinem Zelte ewiglich und Zuflucht haben unter deinen Fittichen“, heißt es im 61. Psalm. Der Beter – wohl ein Priester – sehnt sich also nach der Nähe des Weltenlenkers. Diesen Wunsch drückt er poetisch aus. Mit „Zelt“ ist das Heiligtum gemeint. Hinter den Fittichen steckt die Idee: Gott möge seine Geschöpfe behüten, versorgen und vor ihren Feinden bewahren wie ein Vogel seine Jungen. Das Tier birgt und verbirgt den Nachwuchs unter seinen Flügeln, unter dem „Gefieder“. Dass diese Vorstellung anziehend friedlich wirkt, leuchtet ein. Doch das Bild hat auch eine andere Seite. Wer will, kann Gott hier als ihre Brut schützende Mutter sehen, ihm also weibliche Züge geben. In einer männerdominierten Kirche hat der Gedanke eine gewisse Sprengkraft. *rau*

Rembrandt, „Die Heimkehr des verlorenen Sohnes“, um 1662
Im Spätwerk gelangte Rembrandt zu einer unvergleichlichen Verdichtung der Bildaussage. Ein herausragendes Beispiel sind bei der Wiederbegegnung des vom Alter, vor allem aber in der liebenden Zuwendung gebeugten Vaters mit dem heimgekehrten Sohn die Hände des Vaters. Es sind Fittiche, unter denen der Sohn Geborgenheit findet. Die Kontrastfigur ist der rechtschaffene Bruder, dessen aufrechte Haltung seine Missbilligung ausdrückt. Ursprünglich bezieht sich das Sprachbild des Psalmisten auf die beiden Cherubim auf der Bundeslade in der Stiftshütte, die ihre Flügel über den Gnadenthron ausbreiten (2. Mose 25,18-21).

Den Seinen gibt es der Herr im Schlaf

Ein pikierter Unterton schwingt heute in diesem Satz mit: Manche haben unverdientes Glück, so lautet er ironisch, sauertöpfisch oder neidzerfressen. Gustav-Gans-Syndrom könnte man das nennen, nach dem erfolgreichen Konkurrenten der Unglücksente Donald Duck. „Es ist umsonst, dass ihr früh aufsteht und hernach lange sitzet und esset euer Brot mit Sorgen, denn seinen Freunden gibt er es im Schlaf", so steht es etwas wider die fromme, pietistische Moral im Psalm 127, Vers 2. Ganz bequem, aber dank des Herrn behütet und erfolgreich – eine zu unserer Leistungsgesellschaft passende Weisheit ist dieser Satz wahrlich nicht. Doch angesichts manch verbissener familienpolitischer Debatte stimmt nachdenklich, was den entspannten Gläubigen im Übermaß geschenkt wird: „Siehe, Kinder sind eine Gabe des Herrn, und Leibesfrucht ist ein Geschenk", steht gleich danach im Psalm, der mit fünf Versen einer der kürzesten im Alten Testament ist. Wo da wohl der Zusammenhang liegt? *age*

„Jakobs Traum von der Himmelsleiter und die Salbung des Steins von Bethel"
Psalter Ludwigs IX., des Heiligen, um 1260
Adam wird unmittelbar vor der Erschaffung seiner Gefährtin in Schlaf gesenkt. Die Reihe der biblischen Traumerzählungen beginnt mit Jakobs Traum von der Himmelsleiter (1. Mose 28,10-22). Im Traum wird Jakob die Verheißung des Gottes Abrahams und Isaaks zuteil, dass durch ihn und seine Nachkommen „alle Geschlechter auf Erden gesegnet werden". Die Miniatur ist wie der gesamte alttestamentliche Zyklus in diesem Psalter durch das rahmende gotische Portal zweigeteilt. Doch nur hier wird der Rahmen überschnitten, und zwar durch die Leiter, an deren himmlischem Ende Gott erscheint.

Hochmut kommt vor dem Fall

Dass Zitate oder Sprichwörter gesammelt werden, um sie bei Gelegenheit zum Besten zu geben, kennt man. Wer solche Weisheiten anbringt, kann leicht gelehrt, geistreich oder witzig wirken. Ob das der Bibel gelingt, bleibt angesichts einer gewissen Eintönigkeit zweifelhaft. Seitenlang wird im Alten Testament Volksweisheit des alten Israel an Volksweisheit gereiht. Viele wohl für den Unterricht gebündelte Ratschläge haben einen pädagogischen Unterton, anderes wirkt putzig: „Ein weiser Sohn ist seines Vaters Freude; aber ein törichter Sohn ist seiner Mutter Grämen"; „eine schöne Frau ohne Zucht ist wie eine Sau mit einem goldenen Ring durch die Nase", heißt es in den „Sprüchen Salomos". Im 16. Kapitel folgt: „Wer zugrunde gehen soll, der wird zuvor stolz; und Hochmut kommt vor dem Fall." Der Satz speist sich aus Alltagswissen und Theologie. Der Hochmütige schlägt Ratschläge in den Wind und fällt darum auf die Nase. Dem Frommen – so die zweite Botschaft – geziemt Demut und Bescheidung auf den irdischen Bereich. Sonst geht es noch wie bei Adam und Eva: Die kosteten vom Baum der Erkenntnis und wurden deshalb aus dem Paradies geschmissen. *rau*

Meister Bertram, „Der Engelsturz"
Tafel des Petrialtars, vollendet 1383
Mit diesem Gemälde beginnt ein 24-teiliger Zyklus. Er reicht vom ersten Tag der Schöpfung bis zur Kindheit Jesu. Traditionell verbindet Meister Bertram die Trennung von Licht und Finsternis mit dem Sturz der in Missgestalten verwandelten Engel, die sich gegen Gott aufgelehnt haben. Ihr gekrönter Anführer hält ein Spruchband mit einem Text, der seinen Hochmut beweist: „Ich steige weit über die Wolken hinauf, um dem Höchsten gleich zu sein" (ein Vers aus dem Spottlied auf den „König von Babel" im Buch Jesaja 14,14).

ascendo · sup · altitudinē nubium similis ero · altissimo

In einem Elfenbeinturm leben

Woran denkt man bei diesem Sprichwort? An einen grauen, gähnend langweiligen Gelehrten, der weitab von der Realität vor sich hin spintisiert. Weniger sexy geht es kaum. Und worum geht es bei diesem Satz ursprünglich in der Bibel? Um Sex! Der Satz stammt aus dem Hohen Lied, der prickelndsten erotischen Dichtung, die ihren Platz in der Bibel gefunden hat. Der Kontext muss jedem Puritaner die Schamesröte ins Gesicht treiben: „Dein Schoß ist wie ein runder Becher, dem nimmer Getränk mangelt", so in Kapitel 7. „Deine beiden Brüste sind wie junge Zwillinge von Gazellen. Dein Hals ist wie ein Turm von Elfenbein." Doch wie kam es zur heutigen Bedeutung? Dazu hat es viele Umwege gebraucht. Das Hohelied wurde in der Geschichte der Kirche lange ganz unsinnlich als Allegorie der göttlichen Liebe ausgelegt. Von daher hat der Ausspruch seinen Weg in einen Marienlobpreis, die so genannte Lauretanische Litanei aus dem 12. Jahrhundert, gefunden. Dort wird der „elfenbeinene Turm" zum Symbol der Reinheit. Erst im 19. Jahrhundert wurde das als Weltabgeschiedenheit übersetzt. Und im 20. Jahrhundert bekam der Ausspruch dann den negativen Beigeschmack. *age*

Gustav Klimt, „Der Kuss (Erfüllung)", 1907/08
Das Gemälde lenkt die Aufmerksamkeit auf den ursprünglichen Zusammenhang der Elfenbeinturm-Metapher. Zugleich besitzt es einen Aspekt der heutigen Bedeutung: Das Liebespaar, das im Kuss die Erfüllung seiner Sehnsucht findet, ist von der Umwelt abgesondert und befindet sich im überaus kostbaren „Elfenbeinturm" ausschließlicher genussvoller Zweisamkeit: „Er küsse mich mit dem Kusse seines Mundes" – so beginnt der Lobpreis der Liebe, die „lieblicher ist als Wein" (1,1). Das Gemälde gehört zu den Vorarbeiten zu einem 1911 vollendeten Wandmosaik im Palais Stoclet in Brüssel.

Stein des Anstoßes

Es kommt selten vor, dass ein Stein tatsächlich zum „Stein des Anstoßes", also zum Auslöser von Zank oder Ärgernis wird. In Ostpreußen sollen sich im 19. Jahrhundert mal zwei Verwandte über den Besitz eines solchen Objekts vor Gericht gestritten haben. Der Richter fand das gar nicht lustig. Er riet, den begehrten Stein vor dem Gerichtsgebäude zu versenken – als Mahnung, die Justiz nicht mit Lappalien zu belästigen. Alles andere als eine Nebensächlichkeit freilich ist der „Stein des Anstoßes" in der Bibel. Da bezeichnet der Begriff den Höchsten, also Gott selbst. „Er wird ein Fallstrick sein und ein Stein des Anstoßes und ein Fels des Ärgernisses für die beiden Häuser Israel, ein Fallstrick und eine Schlinge für die Bürger Jerusalems, dass viele von ihnen sich daran stoßen, fallen, zerschmettern, verstrickt und gefangen werden." So heißt es im achten Kapitel des Buches Jesaja. Der Prophet schildert hier wohl die Gottlosigkeit des Volkes. Das will die von Jesaja verkündete Botschaft nicht hören, nimmt an ihr Anstoß, fällt so vom Glauben ab und muss bitter büßen. *rau*

Max Ernst, „Die Jungfrau verhaut das Jesuskind vor drei Zeugen", 1926
Max Ernst, der Dadaist und Mitbegründer des Surrealismus, lebte ab 1923 in Paris. Hier entstand, angeregt durch eine Idee seines Freundes André Breton, dieses bewusst als blasphemischer „Stein des Anstoßes" gedachte Bild der Muttergottes. Im Fenster links oben erscheinen die „drei Zeugen" Breton, Paul Eluard und Max Ernst selbst. Sie betrachten ohne sonderliches Interesse die Züchtigung des Kindes, dessen ringförmiger Heiligenschein zu Boden gefallen ist. Der gewünschte Protest trat sofort ein, sowohl im Pariser „Salon der Unabhängigen" als auch in Köln. Hier setzte die Kirchenleitung die Schließung der betreffenden Ausstellung durch.

Ein Lippenbekenntnis ablegen

Noch nicht einmal aus dem Mund, sondern oberflächlich von den Lippen kommen die Sätze, die gesagt werden, nur damit sie gesagt sind: Damit endlich Ruhe ist und es keinen Ärger gibt. Lippenbekenntnisse gibt es nicht nur in totalitären Regimen. In der Bibel wird mit diesem Bild eine äußerliche, formelhafte Frömmigkeit kritisiert, etwa im Buch Jesaja (29,13), wo Gott selbst darüber klagt, dass „dies Volk mir naht mit seinem Munde und mit seinen Lippen mich ehrt, aber ihr Herz fern von mir ist und sie mich fürchten nur nach Menschengeboten“. Klar benennt diese Stelle die zentrale Voraussetzung des Lippenbekenntnisses. Hinter ihm steht immer gesellschaftlicher Druck, eine Konvention, die man befolgt, ohne innerlich überzeugt zu sein. Wenn vom Herzen die Rede ist, geht es übrigens nicht um Gefühle. Das Herz gilt als der Sitz des Willens und des Verstandes. Im Spruch vom Lippenbekenntnis steckt also nicht nur die Kritik am Anpasslertum, sondern auch am Widerspruch zwischen Reden und Tun. Aus dem Blickwinkel der Bibel ist ein Lippenbekenntnis ein Geschwätz, das keine Konsequenzen hat. *age*

Der Prophet Amos in einer französischen Bible moralisée, um 1230
Der Prophet Amos, der in der Zeit um 750 v. Chr. gelebt hat, kritisiert – auch vor dem Hintergrund der sozialen Missstände seiner Zeit – äußerst vehement und wortgewaltig die „falsche“ Frömmigkeit seiner Zeitgenossen: „Und wenn ihr mir auch Brandopfer und Speiseopfer opfert, so habe ich [der HERR] keinen Gefallen daran... Tu weg von mir das Geplärr deiner Lieder; denn ich mag dein Harfenspiel nicht hören!“ Es droht ein umfassendes Gericht, doch das Buch endet milde mit der Verheißung zukünftigen Heils des Hauses David, die christlich gedeutet worden ist. Die Miniatur zeigt Amos (mit spitzem Judenhut), wie er auf eine Gestalt weist, die ein Kreuznimbus als Christus kennzeichnet.

Ein Menetekel

Ist Gott ein Graffito-Künstler? Der Gedanke liegt nahe. Schließlich zeichnet der Herr laut Bibel für schwer verständliche Wandschmierereien verantwortlich. Aus denen wird schließlich das „Menetekel". Doch der Reihe nach: Die rätselhaften Zeichen pinselt nach dem Buch Daniel eine von himmlischer Eingebung befallene Geisterhand an den schönen Palast des babylonischen Königs Belsazar. Der Monarch, der sich gerade „vollsoff", fühlt sich nicht nur gestört, sondern wegen seines sündigen Treibens ertappt. „Da entfärbte sich der König und seine Gedanken erschreckten ihn", heißt es im fünften Kapitel. Dumm nur, dass er selbst und seine Gelehrten sich auf die Schrift keinen Reim machen können. Erst der Prophet Daniel gibt Nachhilfe: „So aber lautet die Schrift, die dort geschrieben steht: Mene mene tekel u-parsin", meint der heilige Mann und liefert gleich die Interpretation: Gott habe Belsazars Königtum „gezählt und beendet", ihn gewogen und für zu leicht befunden, sein Reich werde geteilt. Der genaue Sinn der einzelnen Worte ist zwar noch umstritten. Klar aber bleibt, dass die üble Prophezeiung sich erfüllt. Belsazar wird noch in derselben Nacht getötet. So kündigt ein Menetekel bis heute Unheil an. *rau*

Rembrandt, „Belsazar und die schreibende Hand", um 1635

Textgetreu gibt Rembrandt Hinweise auf das Gelage Belsazars mit „seinen Mächtigen, mit seinen Frauen und mit einen Nebenfrauen". Sie trinken aus den „goldenen und silbernen Gefäßen" aus dem Tempel in Jerusalem, und indem der König schützend den Arm über eine seiner Frauen ausstreckt, stößt er eines dieser Gefäße um. Oder ist es ihm entfallen? Denn gebannt starrt er auf die Lichterscheinung. Rembrandt versetzt die schreibende Hand an das linke Ende des dreizeiligen Textes, denn er imitiert eine arabische oder hebräische, jedenfalls eine von rechts nach links verlaufende Schrift.

Neues Testament

Karl Schmidt-Rottluff, „Die Pharisäer“, 1912

Ein Rufer in der Wüste

Attraktiv erscheint die Aufgabe eines Rufers in der Wüste nicht gerade. So einsam und allein bei größter Hitze den stummen, tauben Sand anpredigen – wer will das schon? Schließlich liegt die Vergeblichkeit der Übung auf der Hand. Gleichwohl tauchen Prediger in der Ödnis immer wieder auf. Mal werden heute so die Wirtschaftsweisen bezeichnet, deren Ratschläge ungehört verhallen. Mal sind es die Umweltschützer, die man nicht ernst nimmt. Kardinal Lehmann sah sogar den verstorbenen Papst Johannes Paul II. in dieser undankbaren Rolle. Dabei hatte das Kirchenoberhaupt doch eigentlich nicht unter mangelnder Aufmerksamkeit zu leiden. Das gilt übrigens auch für den Prototypen aller Wüsten-Rufer: Johannes dem Täufer. „Es ist eine Stimme eines Predigers in der Wüste", heißt es über ihn – eine ältere Bibelstelle zitierend – zu Beginn des Markusevangeliums. Und weiter: „Johannes der Täufer war in der Wüste und predigte... Und es ging zu ihm hinaus das ganze jüdische Land und alle Leute von Jerusalem und ließen sich von ihm taufen". Johannes hatte also – anders als die Redewendung heute suggeriert – eine große Fan-Gemeinde. Seine Worte, mit denen er auch auf Jesus verwies, fielen nicht auf unfruchtbaren Boden. Diese Erkenntnis könnte zumindest jene trösten, die sich aktuell noch von der Welt missverstanden oder unbeachtet fühlen. *rau*

Carl Hofer, „Der Rufer", um 1924
Die expressive Darstellung des Bußpredigers Johannes hält sich an die Schilderung seines Auftretens in Judäa bei den drei Synoptikern: „Es ist eine Stimme eines Predigers in der Wüste" (Mk 1,3), die Jesaja prophezeit hat: „Es ruft eine Stimme: In der Wüste bereitet dem Herrn den Weg" (Jes 40,3; ebenso Maleachi 3,1). Es herrscht Nacht, und verdorrtes Gehölz weist auf die leblose Wüste hin. Aber von Jesaja stammt auch die messianische Weissagung: „Das Volk, das im Finstern wandelt, sieht ein großes Licht" (Jes 9,1) – es ist das Licht in der Person Jesu, für den Johannes als Täufer mit Wasser der Wegbereiter ist. Jesus wird „mit dem heiligen Geist und mit Feuer taufen" (Mt 3,11, vgl. Apg 2).

Die Spreu vom Weizen trennen

Ganz nah am landwirtschaftlichen Alltag ist der bekannte Satz von Spreu und Weizen. Das Bild taucht im Neuen Testament schon sehr weit vorne auf – nicht aus dem Munde von Jesus, sondern ausgesprochen von Johannes dem Täufer (Mt 3,12). Über Jahrtausende war das wohl der wichtigste Sortiervorgang, den die Menschen erlebten. Gott wird in diesem Bild zum penibel arbeitenden Bauer, der ganz genau Gute und Böse trennt. Das Bild beschreibt den Vorgang sehr präzise. „Er hat die Worfschaufel in der Hand; er wird seine Tenne fegen und seinen Weizen in der Scheune sammeln; aber die Spreu wird er verbrennen mit unauslöschlichem Feuer“, heißt es. Das ist beileibe keine ländlich-sittliche Szene. Gleich mehrfach ist in dem Kapitel vom Feuer die Rede. Bäume werden abgehauen und verbrannt, aber auch der Heilige Geist tauft mit Feuer. Bei der Spreu zu landen, das ist klar, kann unangenehm werden. *age*

Vincent van Gogh, „Der Sämann“, 1888
Die Ankündigung Jesu durch Johannes den Täufer enthält ein Sprachbild aus demselben Erfahrungs- und Tätigkeitsbereich, in dem dann die meisten Gleichnisse Jesu angesiedelt sind, nämlich als Bilder aus der Landwirtschaft mit Ackerbau, speziell dem Weinbau, und Viehzucht. Diese Bereiche sorgen für die leibliche Nahrung, die zum Beispiel als Brot des Lebens eine Metapher der geistlichen Nahrung bildet. Eine Leitfigur ist dabei der Sämann (Lk 8,4-8), dem sich Vincent van Gogh mehrfach künstlerisch gewidmet hat, hier in Verbindung mit der lebenspendenden Sonne.

In die Wüste schicken

Wen man loswerden und nicht mehr sehen möchte, den schickt man in die Wüste. Bestensfalls Anbieter von Extremtouren würden da widersprechen. Die schicken ihre Kunden gerne in Wüsten, die sie als exotische, erlebnisreiche Orte anpreisen. Den Menschen früherer Zeiten lag eine solche Vorstellung jedoch fern. Wüsten galten als trostlose, ungastliche, lebensfeindliche Regionen. Dort landete zur Strafe etwa, wer etwas ausgefressen oder eine Schuld zu tragen hatte. Die alten Israeliten pflegten den Brauch, einen Bock als Sühneopfer in die Wüste zu jagen, um auf diese Weise die eigene Schuld zu entsorgen. In der Bibel muss aber auch der Messias ins Outback. „Und alsbald trieb ihn der Geist in die Wüste; und er war in der Wüste vierzig Tage und wurde versucht von dem Satan und war bei den wilden Tieren und die Engel dienten ihm", heißt es bei Markus. (Mk 1,12f). Das sind wenig Worte für einen langen Aufenthalt unter schwierigsten Bedingungen. Der Leser wüsste schon gerne, warum Jesus in die Ödnis ging und wie er sich durchschlug. Doch darauf kommt es Markus nicht an. Ihm reicht wohl die Botschaft, dass der Menschensohn ohne Schuld bleibt und stets unter dem Schutz Gottes steht. *rau*

Iwan Nikolajewitsch Kramskoj, „Christus in der Wüste", 1872
Kramskoj, neben Repin ein Hauptvertreter des russischen Realismus, blieb diesem Stil auch bei biblischen Themen treu. Sie werden gleichsam„entmythologisiert". So verschwindet der leibhaftige Versucher, und Jesus überwindet die innere Versuchung im Gebet. Allenfalls die Darstellung der Landschaft weckt Erinnerungen, etwa an die Herausforderung des Teufels an den Hungernden: „Bist du Gottes Sohn, so sprich, dass diese Steine Brot werden" (Mt 4,3).

Sein Licht unter den Scheffel stellen

Was ist denn um alles in der Welt ein Scheffel? Etwas mit dem Schaufeln hat das schon zu tun, denn der Scheffel, der da in dem bekannten Spruch aus der Bergpredigt (Mt 5,15) auftaucht, ist ein Gefäß vor allem für Getreide. Das Wort steht auch für ein Volumenmaß. In Württemberg entsprach das rund 177 Litern – kein kleines Eimerchen. Aber was meint der Ausdruck genau? Auf den ersten Blick erscheint es klar: Wer seine Kerze unter ein Gefäß stellt, der verbirgt ihr Licht. Das lässt aber Raum für Deutungen. Ist das eine Warnung, weil eine Kerze unter dem Eimer eine Brandgefahr ist und das Getreide entflammen könnte? Oder ist einer, der die Leuchte etwa unter einen leicht angehobenen Eimer schiebt, nur geizig, weil die geringere Sauerstoffzufuhr weniger Leuchtöl verbrauchen lässt? Oder tappt derjenige, der das Licht unter das Gefäß stellt, deshalb im Dunkeln, weil er das Scheffelmaß nicht mehr ablesen kann? Jesus jedenfalls hat keinen Appell zu mehr Selbstbewusstsein im Sinn gehabt, als den wir den Satz heute verstehen. Er will vielmehr dazu ermutigen, die Botschaft des Glaubens nicht für sich zu behalten, sondern in die Welt zu tragen. *age*

Georges La Tour, „Der hl. Josef als Zimmermann", um 1640
Die Lichtmetaphorik ist ein Leitmotiv der gesamten Bibel. Ihr Ausgangspunkt ist der erste Satz des Schöpfers: „Es werde Licht" (1. Mose 1,3). In der Kunstgeschichte gilt Ähnliches für die Malerei im Barock. Zu den Künstlern dieser Epoche, die nicht allein die Dramatik der Gegensätze zwischen Licht und Finsternis auskosten, sondern auch die Darstellung von Lichtquellen einbezogen haben, gehört Georges La Tour. Hier ist es das Jesuskind, das nach der Rückkehr aus Ägypten in Nazareth aufwächst (Mt 2,23) und seinem Ziehvater Josef, einem Zimmermann, mit einer Kerze Licht spendet.

Perlen vor die Säue werfen

Wer wird denn ein Feinschmeckermenü einem Fastfood-Fan servieren oder einem Modemuffel eine Designerjeans schenken? Das hieße wirklich, Perlen vor die Säue zu werfen. Denn die Schweine wissen das Schmuckstück genauso wenig zu schätzen. „Ihr sollt das Heilige nicht den Hunden geben und eure Perlen sollt ihr nicht vor die Säue werfen, damit die sie nicht zertreten mit ihren Füßen und sich umwenden und euch zerreißen." Mit diesen Worten ermahnt Jesus im siebten Kapitel (Vers 6) des Matthäus-Evangeliums seine Jünger. Der Menschensohn zeigt sich hier also gar nicht lammfromm, sondern poltert mit starken Worten los. Der Gegensatz zwischen Perlen und Säuen war in der Antike nämlich noch größer als heute. Auf der einen Seite steht das Symbol für Reichtum, Schönheit, Güte, auf der anderen Seite steht das Tier, das gerade den Israeliten als Zeichen für Sünde, Unglauben und Schmutz gilt. Noch heute sollen Juden kein Schweinefleisch essen. Jesus warnt somit davor, seine kostbare Botschaft – die Perlen – an die zu vergeuden, die damit nichts anfangen können oder sie gar missbrauchen. *rau*

Pieter Bruegel d. Ä., „Die niederländischen Sprichwörter" (Detail), 1559

Zu den 85 Redensarten, die sich an Hand von Bruegels Figuren, Gruppen und Gegenständen identifizieren lassen, gehört die bildhafte Umschreibung von Gaben oder Diensten, deren der Empfänger nicht würdig ist. Bruegel hält sich eng an die niederländische Version der Sentenz aus dem Evangelium des Matthäus: „Rozen voor de varkens stroien" (Rosen vor die Ferkel streuen). Dies ist das einzige Beispiel der „niederländischen Sprichwörter" mit einer unmittelbaren biblischen Quelle.

Wer suchet der findet

Wenn es doch nur so leicht wäre! „Wer da sucht, der findet“, verkündet das Neue Testament einfach. Trotzdem bleibt der Autoschlüssel verschwunden, hilft im Internet auch die beste Suchmaschine nichts, fehlt die wahre Liebe trotz aller Brautschau weiterhin. Auf den ersten Blick hat sich Jesus also schlicht geirrt, als er auf den Berg stieg und solche Weisheiten dem Volk predigte. Doch auf den zweiten Blick ist die Sache natürlich viel komplizierter. Denn der Messias denkt bei seiner programmatischen Rede ja nicht an irgendwelche Suchaktionen, sondern an die rechte Haltung im Gebet. Seine Jünger sollen sich an Gott – und damit an die richtige Stelle – wenden, und sie sollen darauf vertrauen, das ihnen Nötige zu erhalten. Jesus veranschaulicht diese Botschaft wie häufig mit alltagsnahen Beispielen. „Denn wer da bittet, der empfängt; und wer da sucht, der findet; und wer da anklopft, dem wird aufgetan. Wer ist unter euch Menschen, der seinem Sohn, wenn er ihn bittet um Brot, einen Stein biete?“ sagt der Menschensohn im Matthäusevangelium (Mt 7, 8). Jesu geistliches Such-Wort schrumpft heute freilich oft zum profanen pädagogischen Appell, sich bei einer Suche anzustrengen. *rau*

Domenico Fetti, „Das Gleichnis vom verlorenen Groschen“, um 1620
Wie sein Zeitgenosse Georges La Tour verwendet hier auch Domenico Fetti die Darstellung einer Kerze als Lichtquelle. Zumal der Text, der seinem Gemälde zugrunde liegt, ausdrücklich betont, dass eine Frau, die zehn Silbergroschen hat und einen davon verliert, ein Licht anzündet, das Haus umkehrt und mit Fleiß sucht, bis sie ihn findet (Lk 15,8). Fetti schuf als Hofmaler in Mantua eine Serie von „Parabelbildern“ nach Gleichnissen bei Matthäus und Lukas. Acht davon befinden sich in der Dresdner Gemäldegalerie Alte Meister.

Neuer Wein in alten Schläuchen

Was hat dieser Satz mit dem munter vor sich hin gärenden Federweißen zu tun? Ganz klar: So ein halbvergorener Wein prickelt nicht erst auf der Zunge, sondern schon im Gefäß. Das ist im biblischen Beispiel aus einem einfachen, damals weit verbreiteten Material. Ein Tier, meistens eine Ziege, wurde am Stück enthäutet, sodass ein Schlauch übrig blieb. Das Trinkloch wurde mit einem Holzring stabilisiert und das Ganze an der Schnittstelle vernäht. Man kann sich vorstellen, wie diese Naht im Lauf der Zeit verschliss. Kam der gärende, neue Wein hinein, hatte man den Schlamassel, den Jesus laut Matthäus drastisch beschreibt (Mt 9,17): „Man füllt auch nicht neuen Wein in alte Schläuche, sonst zerreißen die Schläuche und der Wein wird verschüttet und die Schläuche verderben." Jesus antwortet auf die Frage, warum sich seine Jünger nicht an die Fastengebote halten und er den Rahmen der jüdischen Traditionen sprengt. Heute benutzen wir eher die ebenfalls in der Bibel auftauchende Gegenform des Satzes: Wer alten Wein in neuen Schläuchen verkauft, der täuscht darüber hinweg, dass er nichts Neues zu bieten hat. *age*

Karl Schmidt-Rottluff, „Die Pharisäer", 1912
Das Gemälde im Stil des Expressionismus, den die Künstlergruppe „Brücke" in Dresden entwickelt und in Berlin durchgesetzt hat, handelt vom schließlich tödlichen Konflikt zwischen Jesus einerseits, den Pharisäern und Schriftgelehrten andererseits. Sie sind die Hüter der „alten Schläuche" mosaischer Gesetze und ihrer strikten Einhaltung um jeden Preis. Mit seiner erhobenen Linken gebietet Jesus diesem kultischen und rituellen Rigorismus Einhalt: „Weh euch Schriftgelehrten! Denn ihr habt den Schlüssel der Erkenntnis weggenommen" (Lk 11,52).

1912

Mit seinen Pfunden wuchern

Ein Bibelwort, das heute nur noch auf Sumo-Ringer oder Models von XXL-Kollektionen passt? Fast scheint es so. Wer will denn in Zeiten von Schönheitswahn und Schlankheitsideal noch mit seinen Pfunden wuchern? Doch so schwergewichtig kommt das Neue Testament mit dieser Bibelstelle natürlich gar nicht daher. Die Worte hatten früher nämlich eine etwas andere Bedeutung. Das Pfund – Luther spricht mal von Zentnern – bezeichnete auch eine Währungseinheit. „Wuchern" bedeutete ferner nicht, jemanden über das Ohr zu hauen, sondern geschickt zu wirtschaften. Die Redensart leitet sich so von einem jener Gleichnisse ab, mit denen Jesus seinen Jüngern Verhaltenstipps gibt (Mt 25,14ff / Lk 19,11ff): Ein Wohlhabender verreist und beauftragt seine Angestellten derweil sein Vermögen zu verwalten. Das tun die unterschiedlich. Zwei mehren es, wofür sie Lob ernten. Ein dritter aber bewahrt das Geld bloß auf. Dafür wird er abgewatscht. „Und den unnützen Knecht werft in die Finsternis hinaus; da wird sein Heulen und Zähneklappern", heißt es. Predigt Jesus so Raffgier, was zumindest die Heuschrecken freute? Wohl kaum. Die Botschaft lautet eher: die von Gott erhaltenen Gaben nutzen und möglichst mehren. *rau*

Hieronymus Bosch, „Der Tod des Geizigen" (Ausschnitt), um 1475

Der Verzicht, mit seinen „Pfunden zu wuchern", ist eine Form des Geizes. Diesem bildhaften Vergleich dient hier „Der Tod des Geizigen" mit einem spindeldürren Männchen auf dem Sterbebett. Mit letzter Kraft greift es nach dem Geldsack, den ein Monster herbeischafft, während die Linke den Pfeil abzuwehren versucht, den der personifizierte Tod auf den Geizigen richtet. Unbeachtet bleibt der Engel, der ins Jenseits weist. Im Vordergrund erscheint der Geizige in besseren Tagen, wobei er im Begriff ist, seine gehorteten Schätze zu begutachten – als Vorfahre des Dagobert Duck (englisch Scroooge McDuck).

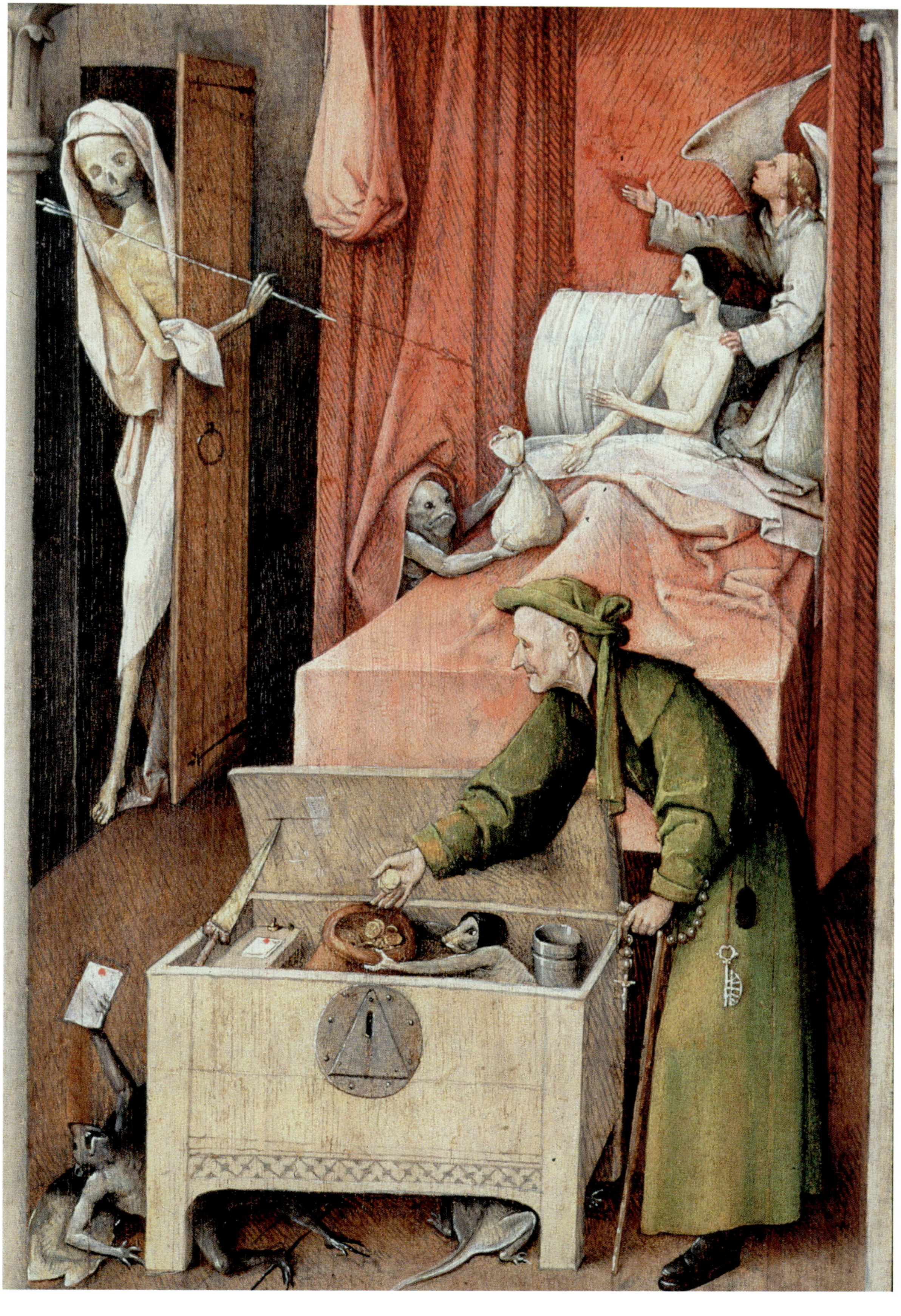

Sein Scherflein beitragen

In diesem Satz klimpert echtes Kleingeld aus der Geldbörse von Martin Luther. Das Scherflein war eine seit 1480 in Erfurt geprägte Kleinstmünze. Mit diesem Geld aus der Zeit seiner Bibelübersetzung hat Luther das im Evangelium Gemeinte präzise übersetzt. Der Evangelist Markus vergleicht eine arme Frau an der Sammelbüchse mit protzigen reichen Spendern: „Und es kam eine arme Witwe und legte zwei Scherflein ein; das macht zusammen einen Pfennig“(Mk 12,42). Die auf aramäisch wohl Peruta, auf griechisch Lepton genannten Münzen waren das Mickrigste, was es zur Zeit Jesu gab. Es war übrig gebliebenes, jüdisches Kleingeld, das vor der römischen Herrschaft in Palästina geprägt worden war. Die Bronzemünzen stammten aus der Zeit jüdischer Herrscher zwischen 169 und 63 vor Christus. Dass es nicht das Besatzergeld mit dem Bildnis des als göttlich verehrten römischen Kaisers war, hat die Münze für Jesus passend erscheinen lassen. Wenn wir heute unser Scherflein beitragen, geht es nur um einen kleinen Beitrag. Der biblische Sinn ist anders: Dort bedeutet es, bis an die Grenzen der eigenen Möglichkeiten zu gehen. Also Vorsicht, wenn man sein Scherflein verspricht! *age*

„Das Scherflein der Witwe“
Evangeliar Ottos III., um 998-1001
Die Miniatur eines Buchmalers auf der Insel Reichenau betont die Tatsache, dass die Erzählung vom Scherflein der Witwe (Mk 12,41-44, ebenso Lk 21,1-4) eine Lehre enthält, die Jesus seinen von Petrus angeführten Jüngern erteilt. Jesu Redegestus weist auf die bescheiden an den Rand gedrängte Frau, die mit ihren zwei Scherflein ein wahres Opfer bringt: Alle anderen haben etwas von ihrem Überfluss in den Gotteskasten gelegt, „diese aber hat von ihrer Armut ihre ganze Habe eingelegt, was sie zum Leben hatte“ (Mk 12,44).

Ein barmherziger Samariter

Einen Samariterdienst zu leisten, ist ehrenvoll, beispielhaft und vor allem nötig für den Hilfsbedürftigen. Zum Samaritersyndrom sollte das Ganze aber nicht ausarten, denn dann tut der Helfer des Guten zu viel. Auch der aus einem Gleichnis Jesu bekannte Wohltäter lässt es an nichts fehlen. Er nimmt sich einem von Räubern halb tot geschlagenen Mann an, versorgt die Wunden, bringt den Verletzten in eine Herberge und pflegt ihn. „Am nächsten Tag zog er zwei Silbergroschen heraus, gab sie dem Wirt und sprach: Pflege ihn; und wenn du mehr ausgibst, will ich dir's bezahlen", heißt es im Lukasevangelium (Lk 10,35). Der Fremde handelt so über die Maßen mitfühlend, umsichtig und großzügig. Von den beiden Frommen in der Geschichte gilt das Gegenteil. Die haben das Gewaltopfer links liegen gelassen. Noch dazu zählt der spätere Helfer zu einer Randgruppe. Leute aus der Gegend Samaria galten nämlich damals als verachtenswerte, ungläubige Ausländer. Wenn Jesus ausgerechnet einen Angehörigen dieses fremden Volkes zur Lichtgestalt macht, heißt das: Vorurteile zerstört der Menschensohn gründlich. *rau*

Vincent von Gogh, „Der barmherzige Samariter" (nach Delacroix), 1889

Dem Gemälde liegt ein Detail in der Erzählung Jesu zugrunde: Nachdem der Samariter die Wunden des von Räubern Überfallenen versorgt hatte, „hob er ihn auf sein Tier", um ihn zu einer Herberge zu bringen (Lk 10,34). Der bibelkundige Vincent van Gogh kannte natürlich das Gleichnis. Er verwendete aber als Vorlage die Reproduktion eines Gemäldes von Eugène Delacroix (1798-1863), um sich im Kopieren zu üben. Er befand sich zu dieser Zeit auf eigenen Wunsch in der geschlossenen Heilanstalt von Saint-Rémy; Samariterdienste konnte er allenfalls insofern erwarten, als ihm gestattet wurde, weiterhin zu malen.

Der verlorene Sohn

Ein Klick im Internet – und man stößt rudelweise auf verlorene Söhne: Ein verlorener Sohn spielt in der Krimiserie Miami Vice, ein anderer kommt aus Tibet; es gibt ihn als Außenseiter eines Dorfes oder als Kind, das um Liebe und Anerkennung kämpft – und, und, und... Das vom Evangelisten Lukas im 15. Kapitel erzählte Gleichnis ist sicher das bekannteste der Bibel. Dabei ist der Sohn, um den es geht, gar nicht abhanden gekommen. Es geht im Gleichnis ums Wiederfinden und Vergeben, denn der Verlorene kommt reumütig zurück. Doch denken wir heute bei diesem Ausdruck ans Happy End? Und wer hat im Hinterkopf, dass alles in einem Eifersuchtsdrama gipfelt? Der brav zu Haus gebliebene Bruder mag gar nicht, wie der heimgekehrte Sünder gehätschelt wird: „Siehe, so viele Jahre diene ich dir und habe dein Gebot noch nie übertreten, und du hast mir nie einen Bock gegeben, dass ich mit meinen Freunden fröhlich gewesen wäre", klagt er gegenüber dem Vater (Lk 15,29). Diesen unchristlichen Seufzer kann man angesichts der teuren Willkommensparty gut verstehen. *age*

Max Beckmann, „Der verlorene Sohn", 1949
Max Beckmann versetzt den Protagonisten in den Salon eines Bordells, in dem sich drei Frauen um ihn bemühen. Denn offensichtlich fehlt ihm die Lust am Vergnügen. Bereut er, dass er sein Erbteil „mit Prassen" (in anderer Übersetzung „durch zügelloses Leben") verschleudert hat? Peter Beckmann hat die abweisende, in Ratlosigkeit versunkene Gestalt zu einer Notiz im Tagebuch seines Vaters aus dem Jahr 1944 in Beziehung gesetzt: „Wie oft werden wir dieses furchtbare Martyrium über uns ergehen lassen müssen, bis endlich die ewige Bewusstseinsklarheit über uns kommt."

Wie in Abrahams Schoß

„Ein Einlagensicherungsfonds: Bankguthaben geschützt wie in Abrahams Schoß“. Glaubt man den Botschaften der Werbetexter können heute Finanzmittel, Daten, aber auch Hotelgäste oder die Insassen von Autos so wohl behütet wie in Abrahams Schoß untergebracht werden. Die Zeitgenossen Jesu hatten mit der Redewendung jedoch nichts Irdisches im Sinn. Sie dachten bei dem Ausdruck vielmehr ans Paradies, an die ewige Seligkeit, an einen Ort, wo man nahe beim Erzvater ist. Das Bild stammt aus einem Gleichnis Jesu, das das Schicksal des armen Lazarus und eines reichen Mannes gegenüberstellt: der Wohlhabende, der sich nicht um die Not des anderen kümmert, hat ein gutes Leben, landet aber danach in der Hölle. „Es begab sich aber, dass der Arme starb, und er wurde von den Engeln getragen in Abrahams Schoß“ (Lk 16,22). Ein wenig klingt die Wendung des Schicksals nach ausgleichender Gerechtigkeit und somit versöhnlich. Doch die Geschichte endet hart. Dem unmenschlich leidenden Reichen wird die Bitte um die kleinste Linderung seiner Not von höherer Instanz verwehrt. *rau*

„Der arme Lazarus in Abrahams Schoß“
Neues Testament aus Verona, um 1250
Die Miniatur zum Gleichnis vom reichen Mann und dem armen Lazarus unterscheidet als ein Oben und ein Unten zwei Bereiche im Jenseits: Himmel und Hölle. Abraham thront in einer durch Mauern angedeuteten Stadt, die an Darstellungen des „neuen Jerusalem“ erinnert (Offb 21). Ein Schutzmantel umhüllt Lazarus in Abrahams Schoß. Der Reiche dagegen schmachtet im höllischen Flammenmeer und wird von Schlangen attackiert. Hierzu gehört die zentrale Aussage, dass niemals ein Mensch, der im Tod die Grenze des Diesseits überschritten hat, zurückkehrt, um über das Jenseits zu berichten.

Den ersten Stein werfen

Ein tobender Mob, schäumend vor Entrüstung, hat ein wehrloses Opfer gefunden: Eine Frau, der Ehebruch vorgeworfen wird, soll gesteinigt werden. Ob so dem Gebot Mose Genüge getan werden müsse, wird Jesus gefragt. Der erzwingt eine Pause, indem er Zeichen in den Sand malt. Dann sagt er den entscheidenden Satz: „Wer von euch ohne Sünde ist, der werfe den ersten Stein auf sie." (Joh 8,7). Man kann sich die Verlegenheit vorstellen, die nun eintritt: „Als sie das hörten, gingen sie weg, einer nach dem anderen" (8,8). Jesus vergibt am Ende der Frau. Der Halbsatz mit der Sünde wird meist verdrängt. So bleibt es im heutigen Sprachgebrauch bei einer Mahnung gegen Heuchelei. In der Passage steckt eine spannende Geschichte: Sie ist eine der umstrittensten Überlieferungen im Neuen Testament. Wichtige Handschriften enthalten sie nicht. Haben fromme Kleriker angesichts von so viel Toleranz – und das auch noch gegenüber einer Frau! – zur Schere gegriffen? Oder ist die Erzählung innerhalb des Evangeliums stilistisch ein Fremdkörper? Auch heute noch wird oft verbissen darum gestritten. Wer meint, die Wahrheit zu kennen, der werfe den ersten Stein... *age*

Max Beckmann, „Christus und die Sünderin", 1917

Das Gemälde verbindet mehrere Themen: Es handelt vom Halt, den die Frau bei Jesus findet, zugleich von der Bedrohung, der sowohl die Frau als auch Jesus ausgesetzt sind (Gruppe der Bewaffneten, die den „Störenfried" Jesus gefangen nehmen werden). Links unten schreibt eine Hand mit dem Finger in den Sand. Damit erinnert Jesus (Joh 8,8) an ein Wort des Jeremia über die von Gott Abtrünnigen. Sie werden „in den Staub geschrieben" (Jer 17,13).

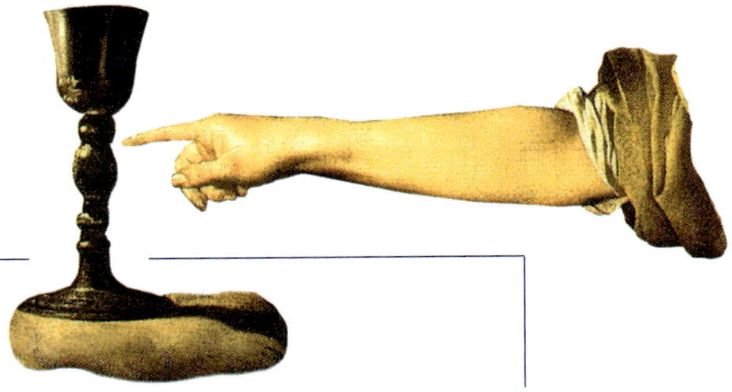

Der Kelch geht an einem vorüber

Wer diesen Satz heute auf den Lippen hat, der meint das oft flapsig. Der Kelch kann eine lästige Arbeit sein oder die Begegnung mit einem unangenehmen Menschen. In der Bibel ist die Situation, in der Jesus diesen Satz sagt, äußerst dramatisch: „Mein Vater ist's möglich, so gehe dieser Kelch an mir vorüber", sagt er angsterfüllt am Vorabend seiner Kreuzigung im Garten Gethsemane (Mt 26,39). Doch wie kommt es zur Deutung des Kelches als Sinnbild des Schicksals? In der jüdischen Kultur wurde bei Dankfeiern oder Trauerzeremonien der Becher herumgereicht. Oft füllte der Hausvater den Becher für die anderen. Im gemeinsamen Austrinken nahm man Anteil am Schicksal der anderen. Im Alten Testament wird der Kelch auch als Symbol göttlicher Strafe gesehen, etwa bei Jesaja (51,17): „Steh auf Jerusalem, die du getrunken hast von der Hand des Herrn den Kelch seines Grimmes!" Die Verbindung zum Abendmahl ist klar: Der Kelch, den Jesus den Jüngern reicht, ist Sinnbild für die Anteilnahme an seinem Leiden, das in christlicher Deutung die Menschen erlöst. *age*

Matteus Storm, „Christus am Ölberg", um 1625
Dem bei allen drei Synoptikern gleichlautenden Gebet Jesu im Wissen um seinen Leidensweg folgt bei Lukas: „Es erschien aber ein Engel vom Himmel und stärkte ihn" (Lk 22,43). Hierauf bezieht sich Matteus Storm, ein bedeutender Vertreter der niederländischen Malerei im Stil von Caravaggio, also des Caravaggismus. Auch Johannes verwendet das Bild vom Leidenskelch: Als Petrus in der Szene der Gefangennahme ein Schwert zieht, um Jesus zu verteidigen, gebietet dieser ihm Einhalt: „Soll ich den Kelch nicht trinken, den mein Vater mir gegeben hat?" (Joh 18,11).

Da kräht kein Hahn danach

Dass der Gockel eine Spitzenposition in der Kirche hat, sollte niemanden wundern. Schließlich thront das Federvieh schon seit dem Mittelalter auf den Türmen vieler christlicher Gotteshäuser. Danach kräht heute kein Hahn mehr, das heißt: es interessiert nicht, erregt kein Aufsehen, erscheint den meisten bedeutungslos. Der Vogel freilich dürfte das anders sehen. Schließlich hat vermutlich seine Stimmkraft ihn erst nach oben katapultiert. Denn im Neuen Testament hat der Hahn sehr wohl Laut gegeben. „Wahrlich, ich sage dir: In dieser Nacht, ehe der Hahn kräht, wirst du mich dreimal verleugnen" (Mt 26,34). Das kündigt Jesus kurz vor seiner Gefangennahme Petrus an, der ihm gerade die Treue versichert hatte. Dann kommt, was kommen muss. Der Menschensohn wird seinen Häschern übergeben, worauf sein Jünger tatsächlich abstreitet, mit ihm je etwas zu tun zu haben. „Und alsbald krähte der Hahn. Da dachte Petrus an das Wort, das Jesus zu ihm gesagt hatte ... Und er ging hinaus und weinte bitterlich." (26,74f) Seitdem erinnert der Hahn die Christen nicht nur an diese Szene, sondern mahnt so zu Treue, Umkehr und Wachsamkeit. *rau*

Otto Dix, „Petrus und der Hahn", 1958
Während der Hahn sich mit ausgebreiteten Flügeln emporreckt und mit lautem Krähen den Tagesbeginn signalisiert, schlägt Petrus die Hände vor sein Gesicht und versinkt gleichsam unter der Last seiner Scham.
Das Pastell stammt aus dem Spätwerk von Otto Dix. „Petrus und der Hahn" gehört auch zu den Themen der Glasmalerei (1959) für das Kirchlein St. Peter in Kattenhorn am Bodensee in der Nähe von Hemmenhofen, dem letzten Wohnort des in der Nazizeit als „entartet" verfemten Otto Dix.

Judaslohn

Wirklich üppig ist die sprichwörtlich gewordene Summe nicht, die der Verräter Judas bekommen hat. Die dreißig Silberlinge, von denen nur Matthäus (Mt 26,15) schreibt, entsprachen damals in etwa einem Drittel des Jahreslohns für einen einfachen Arbeiter. Wenn man das Pi mal Daumen auf heutige Verhältnisse umrechnet, landet man bei etwa 8000 bis 9000 Euro. Das Geld kann es kaum allein gewesen sein, das Judas zu seiner Tat getrieben hat. Seit es Christen gibt, ist über seine Absichten spekuliert worden. Wollte er Jesus dazu provozieren, endlich seine göttliche Macht zu zeigen? Oder war Judas enttäuscht, dass sein Meister nicht zu einem politischen Befreiungskampf gegen die Römer bereit war? Zuletzt hat ein neu entdecktes so genanntes Judas-Evangelium für Schlagzeilen gesorgt. Darin wird der verketzerte Verräter zu einem unverzichtbaren Bestandteil des göttlichen Heilsplans. Vom Geld hat Judas laut Matthäus nichts gehabt, weil er sich erhängte. Laut Apostelgeschichte ist sein Ende sogar noch schrecklicher: „Aber er ist vornüber gestürzt und mitten entzweigeborsten, sodass alle seine Eingeweide hervorquollen“ (Apg 1,18). *age*

Rembrandt, „Judas gibt die 30 Silberlinge zurück“, 1629

Zugrunde liegt die Erzählung von der Reue des Verräters (Mt 27,3-10). Im Vordergrund rechts kniet Judas; Rembrandts Zeitgenossen bewunderten diese Gestalt als Inbegriff eines bußfertigen Sünders. Schauplatz der Szene, auf die schließlich der Selbstmord des Judas folgt, ist der Tempel von Jerusalem, in dem Judas seinen „Judaslohn“ den Hohenpriestern und Ältesten vor die Füße wirft: „Ich habe Unrecht getan, dass ich unschuldiges Blut verraten habe.“ Doch der neben ihm Stehende wehrt verächtlich ab: „Was geht uns das an? Da sieh du zu!“ (Mt 27,4).

Seine **Hände** in **Unschuld** waschen

Wer immer die Hände in den Schoß legt, macht sie sich nicht schmutzig und wird sie kaum in Unschuld waschen müssen. Bei Pontius Pilatus, der bekanntesten Persönlichkeit, die diese Hygieneübung vollführt, verhält es sich anders. Der Chef der römischen Besatzungsmacht im Heiligen Land sah sich laut Neuem Testament von den Autoritäten Israels genötigt, Jesu wegen Aufruhr zum Tode zu verurteilen. Einerseits oblag die Entscheidung darüber dem Statthalter, andererseits wollte der sich vermutlich am liebsten nicht in heikle innerjüdische Angelegenheiten einmischen. Doch der Volkszorn ließ ihm laut Bibel keine andere Wahl, als die Kreuzigung zu beschließen. „Als aber Pilatus sah, dass er nichts ausrichtete, sondern das Getümmel immer größer wurde, nahm er Wasser und wusch sich die Hände vor dem Volk und sprach: Ich bin unschuldig an seinem Blut; seht ihr zu“ (Mt 27,24). Das Reinlichkeitsritual war nicht neu, es wurde damals vielmehr häufig genutzt, um seine Unschuld vor Gericht zu beteuern. Pilatus, formal für den Prozess zuständig, will also seine Verantwortung auf andere abschieben. Kein Wunder also, dass die Redewendung einen negativen Klang hat. *rau*

Matthias Stomer, „Die Handwaschung des Pilatus“, um 1640
Das biblische Historienbild im Stil des Barock mit dem Motiv eines zur Seite gezogenen Vorhangs verbindet zwei Themen: Zentral ist die sinnbildliche Handwaschung als Ausdruck der in Anspruch genommenen Unschuld. Indem Pilatus die Betrachter ins Auge fasst, versucht er, sich ihres Einverständnisses zu vergewissern. Woran er unschuldig zu sein behauptet, ist die Hinrichtung von Jesus, „den man den Messias nennt“. Pilatus hält sich heraus, indem er die Entscheidung über Leben und Tod der aufgehetzten Menge überlässt, und die römischen Soldaten führten „Jesus hinaus, um ihn zu kreuzigen“.

Sein Kreuz zu tragen haben

Nein, es geht bei diesem Satz genau genommen nicht um Jesus. Es ist ein gewöhnlicher Passant, dem bei Matthäus das schwere Kreuz willkürlich aufgebürdet wird. „Und als sie hinausgingen", heißt es von den römischen Soldaten, die Jesus zur Hinrichtung führen, „fanden sie einen Menschen aus Kyrene mit Namen Simon; den zwangen sie, dass er ihm sein Kreuz trug" (Mt 27,32). Wenn man dem Wortlaut bei Matthäus, Markus und Lukas folgt, hat Jesus das Kreuz nur ein ganz kurzes Wegstück getragen. Die Soldaten stürzen sich gleich nachdem Sie den Amtssitz von Pilatus verlassen haben auf Simon. Nur bei Johannes trägt Jesus das Kreuz den ganzen Weg. Aber wer war Simon? War er ein nordafrikanischer Jude, der zur Pilgerfahrt in Jerusalem war? Oder ein einfacher Arbeiter, der laut Lukas gerade vom Feld kam? In der christlichen Legende ist er oft dunkelhäutig und damit der erste schwarze Heilige. Es ist wahrscheinlich, dass Simon einer der ersten Christen war. Sein Weg mit dem Kreuz gilt als Sinnbild dafür, was Christen auf sich nehmen sollen, um Jesus nachzufolgen. Aber Simon hat auch das Kreuz einer obskuren Deutung zu tragen: Frühe christliche Sekten behaupteten, dass nicht Jesus, sondern in Wahrheit Simon gekreuzigt worden sei. *age*

Hieronymus Bosch, „Die Kreuztragung Christi", um 1505/07
Im Unterschied zum Passionsbericht des Johannes tritt bei den drei Synoptikern in der Szene der Kreuztragung (und nur hier) Simon von Kyrene auf. Er wird gezwungen, sein Kreuz, das Kreuz Jesu, auf sich zu nehmen. Darstellungen halten sich in der Regel an Johannes. Dies gilt auch für das Gemälde von Bosch in Wien. Das hier abgebildete Werk in Madrid zeigt wohl in der Gestalt links Simon von Kyrene und zwar in dem Moment, in dem er im Begriff ist, die ihm erteilte Anweisung zu befolgen. Noch ist es Jesus, auf dem das Kreuz lastet.

Seine Feuertaufe bestehen

Mit Feuer taufen? Die Vorstellung erscheint irgendwie unangenehm, brenzlig und viel zu gefährlich. Da könnte man sich ja alles mögliche versengen! Dieser Gedanke steckt heute wohl hinter der Redewendung. Deshalb ist man stets erleichtert, eine Bewährungsprobe hinter sich und damit die Feuertaufe bestanden zu haben. Das gilt erst recht für Soldaten, deren Feuertaufe in der Hitze der ersten Schlacht über die Bühne geht. Viel weniger riskant verläuft das Ritual im Neuen Testament. Erst kündigt Johannes der Täufer den Messias mit den Worten an: „Ich taufe euch mit Wasser zur Buße; der aber nach mir kommt ... wird euch mit dem heiligen Geist und mit Feuer taufen“ (Mt 3,11). Dann müssen die Apostel 132 biblische Seiten warten, bis das Wunder geschieht: „Und es erschienen ihnen Zungen, zerteilt wie von Feuer; und er setzte sich auf einen jeden von ihnen, und sie wurden alle erfüllt von dem Heiligen Geist“ (Apg 2,3). Die Flammen zeigen den damaligen Menschen schlicht an, dass Gott selbst in Aktion tritt. Den Aposteln vermittelt er auf diese Weise laut Bibel die Gabe, das Evangelium aller Welt zu bringen. Die Feuertaufe ihrer ersten Predigt hatten sie da also vor sich. *rau*

Emil Nolde, „Pfingsten“, 1909
Im selben Jahr wie dieses Pfingstbild schuf Emil Nolde eine Darstellung des Letzten Abendmahls. Hier wie dort betont die Komposition die enge Verbundenheit einer Gruppe einfacher Menschen, die im wörtlichen Sinne be-geistert sind. Das traditionelle, hier jedoch besonders betonte Symbol sind die „Zungen zerteilt wie von Feuer“ (Apg 13), dargestellt als Flammen. Nolde erinnert sich in „Jahre der Kämpfe“ (1934), dass mit diesen beiden farbglühenden Werken „die Wende vom optischen äußerlichen Reiz zum empfundenen inneren Wert“ erfolgte.

Vom Saulus zum Paulus werden

Nein, Saulus ist nie zum Paulus geworden. Wer das nicht glaubt, der kann gerne das gesamte 9. Kapitel der Apostelgeschichte durchlesen. Vor und nach seinem Bekehrungserlebnis heißt er – Saulus. Aber woher kommt der Name Paulus? Ganz einfach: Der Apostel trug beide Namen. Saulus oder Schaul, also hebräisch „der Erbetene" sowie Paulus, lateinisch „der Kleine". „Saulus, der auch Paulus heißt" (Apg 13,9), nennt man ihn in der Apostelgeschichte. Saulus scheint mehr der Name für den familiären Kontext gewesen zu sein. Lukas, der Autor der Apostelgeschichte, verwendet erstmals den Namen Paulus, als der vor dem römischen Statthalter in Zypern öffentlich auftritt. Paulus ist auch der Name, mit dem er sich in seinen Briefen selber nennt. Aber das hat nichts mit seiner Bekehrung zu tun. So stört es nicht, dass unsere sowieso schiefe Redewendung eine gelegentlich zwiespältige Bedeutung angenommen hat. Wer heute vom Saulus zum Paulus wird, gilt manchmal nicht nur als einer, dem „es von seinen Augen wie Schuppen fällt" (Apg 9,18). Manchmal heißt er auch ganz einfach Wendehals. *age*

Michelangelo, „Bekehrung des Saulus", um 1545
Ausschnitt aus einem der Fresken in der Cappella Paolina, die im Anschluss an das 1541 vollendete „Jüngste Gericht" an der Altarwand der Cappella Sistina entstanden sind. Hier begegnen wir dem als eifernder Verfolger der Judenchristen nach Damaskus gesandten Saulus: Eine himmlische, mit einer Stimme verbundene Erscheinung hat ihn vom Pferd gestürzt und seines Augenlichts beraubt. Das Gegenstück zum „Damaskus-Erlebnis des Paulus", auf das sich vor allem die paulinische Lehre von Christi Auferstehung gründet, ist an der gegenüberliegenden Wand die Kreuzigung des Petrus.

Mit Engelszungen reden

Meistens kann man sich die Übung ja schenken. Mit Engelszungen – also eindringlich, beredt und ausdauernd – auf jemanden einreden, bringt oft gar nichts. Denn der Adressat solcher Bemühungen scheint schließlich keinem Argument zugänglich, sonst müsste niemand mit Engelszungen sprechen. Allerdings, wie reden Engel eigentlich? Nun zumindest wohl nicht mit falscher Zunge. Aber lassen wir das. Die Redewendung dürfte es auf der Hitliste beliebter Bibelausdrücke ganz nach oben schaffen, stammt sie doch aus dem Hohen Lied der Liebe. Das stimmt nicht nur Paulus an, sondern dient auch heute bei Hochzeiten oft als Predigttext. „Wenn ich mit Menschen- und mit Engelszungen redete und hätte die Liebe nicht, so wäre ich ein tönendes Erz und eine klingende Schelle", schreibt der Apostel zu Beginn des 13. Kapitels seines Briefes an die Korinther. Der Missionar denkt dabei kaum an die zwischenmenschliche Kommunikation etwa von Eheleuten. Vielmehr hat er an die Angehörigen der noch jungen Gemeinde in Korinth appelliert. Sie sollten ihre Gaben – etwa zur Prophetie – nicht zur eigenen Profilierung, sondern zum Wohle aller nutzen. So übten sie Liebe, und nur das zählt. *rau*

Paul Klee, „Erzengel", 1938
Engel, die beredten Boten Gottes, haben in sämtlichen Epochen der Kunstgeschichte Gestalt gewonnen, zuletzt im Werk von Paul Klee: vom „Angelus Novus" (1920), den Walter Benjamin erwarb und als „Engel der Geschichte" gedeutet hat, bis zu den Ideogrammen aus dem Jahr vor seinem Tod 1940. Zu ihnen gehört auch der „Erzengel" von 1938. Er transzendiert alles unmittelbar Gestalthafte und lässt sich insofern zur paulinischen Forderung in Beziehung setzen, sich nicht vom Blendwerk der Redekunst – und sei es mit Engelszungen – täuschen zu lassen.

In jemandes Fußtapfen treten

Wer diesen Satz liest, der grübelt vielleicht erst einmal ganz untheologisch über das fehlende „s" im entscheidenden Wort. Nein, das ist kein Druckfehler: Die revidierte Lutherbibel beharrt auf dieser (selteneren) Schreibweise: „Denn dazu seid ihr berufen, da auch Christus gelitten hat für euch, dass ihr sollt nachfolgen seinen Fußtapfen (1. Petrus 2,21)." Ein ganz schön herausfordernder Katalog an Verhaltensmaßregeln ist es, den Petrus anschließend zum Maßstab der Christen macht: Nicht sündigen, nicht betrügen, sich bei Schmähungen nicht revanchieren, nicht drohen. Da versteht man ganz gut, dass das Hineintreten in jemandes Fußstapfen auch im modernen Sprachgebrauch eine Herausforderung bedeutet – sozusagen das Wandeln mit Schuhgröße 39 in Spuren des Kalibers 44. Auch Christen, die sich den Satz von Petrus zu Herzen nehmen, wissen nur zu gut, dass man so dahinschlappend ganz leicht stolpern kann. *age*

Annibale Carracci, „Christus erscheint auf der Via Appia dem hl. Petrus (Domine, Quo vadis?)", 1602
Vielleicht hat die Aufforderung im 1. Brief des Petrus zur Entstehung der Petrus-Legende beigetragen, die Jacopo da Voragine im späten 13. Jh. in seiner „Legenda aurea" überliefert hat. Sie liegt Carraccis Gemälde zugrunde: Als Petrus zur Zeit des Nero aus Rom flieht, erscheint ihm Christus und antwortet auf die Frage „Herr, wohin gehst du?", er gehe in die Ewige Stadt, um erneut ans Kreuz geschlagen zu werden. Daraufhin kehrte Petrus um und trat in Christi Fuß(s)tapfen. Um aber Christus nicht gleichgestellt zu werden, ließ er sich kopfüber kreuzigen.

Ein Buch mit sieben Siegeln

Ein Buch mit sieben Siegeln. Das ist für die einen die Abseitsregel, für andere die Rentenformel und für sehr viele die Heilige Schrift. Die erscheint ja auch immer mehr Zeitgenossen unverständlich, geheimnisvoll und undurchschaubar. Das Buch mit den sieben Siegeln enthält auch laut der Bibel dem Menschen verschlossene Geheimnisse. Die werden jedoch dank des Visionärs Johannes etwas gelüftet. „Und ich sah in der rechten Hand dessen, der auf dem Thron saß, ein Buch, beschrieben innen und außen, versiegelt mit sieben Siegeln“, heißt es am Anfang des fünften Kapitels seiner Offenbarung. Johannes greift mit dem Bild eine ältere Vorstellung über eine Schrift auf, die die göttlichen Pläne für die Endzeit enthalte. Die Siegel, schreibt er, kann eigentlich niemand brechen. Doch dann taucht in seinem Bericht ein Lamm auf. Gemeint ist Christus, der die Siegel öffnen und Johannes so Einblick in die göttlichen Ratschlüsse geben kann. Die schildert der Apokalyptiker anschließend aber wieder so symbolgeschwängert, dass seine Schrift an vielen Stellen ein Buch mit sieben Siegeln bleibt. *rau*

Brüder von Limburg, „Himmelsvision des Johannes auf Patmos“, um 1415

Abgebildet ist ein Ausschnitt aus dem Evangelistenbild des Johannes im Stundenbuch „Très Riches Heures de Duc de Berry“ (begonnen durch die Brüder von Limburg, vollendet um 1485): Johannes schaut die 24 Ältesten – sie sitzen gleichsam in einem Chorgestühl im Thronsaal Gottes – und zwischen ihnen das Lamm, das im Begriff ist, die sieben Siegel des geheimnisvollen Buches zu öffnen (Offb 5,7). Die vergleichbare Miniatur in einem Evangeliar vom Beginn des 11. Jh. vereinfacht die Szene, indem sie das Buch mit „Vita“ bezeichnet: als Buch des Lebens und der Erlösung durch Christus, das „Lamm Gottes“.

Apokalyptische
Zustände

Eigentlich wäre es schön, wenn der Rundgang durch die Bibel etwas netter enden würde. Aber das Buch der Bücher lässt einem keine Wahl: Es endet nun einmal mit dem in den schrecklichsten Farben geschilderten Weltuntergang. Die apokalyptischen Zustände, die das ganze 16. Kapitel der Offenbarung des Johannes füllen, haben es wirklich in sich. Schauerlich-poetisch ist, wie da die Engel aus den „Schalen des Zorns" allerhand Grässlichkeiten auf die Menschheit ergießen: Böse, schlimme Geschwüre wuchern; das Meer und die Wasserquellen werden zu Blut verwandelt; die Sonne verbrennt alles; Finsternis senkt sich über die Lande, „und die Menschen zerbissen ihre Zungen vor Schmerzen" (16,10). Wer heute also von apokalyptischen Zuständen spricht, der sollte wissen, dass er damit dick aufträgt. Immerhin: Wer sich die Wurzeln dieses Ausdrucks bewusst macht, der darf sich auch an die Zeilen ganz am Schluss der Bibel erinnern: „Gott wird abwischen alle Tränen von ihren Augen und der Tod wird nicht mehr sein, noch Leid noch Geschrei noch Schmerz wird mehr sein; denn das Erste ist vergangen" (Offb 21,4). *age*

Otto Dix, „Der Krieg", 1929-32
In der modernen Kunst wurde dem Bewusstsein, Zeuge und vor allem Opfer endzeitlicher Zustände zu sein, meistens in Darstellungen des Krieges als Inferno Ausdruck verschafft, beispielsweise in den „Apokalyptischen Landschaften" (1912–16) von Ludwig Meidner. Abgebildet ist die Mitteltafel des Triptychons „Der Krieg" von Otto Dix, der als einfacher Soldat in den Schützengräben das Grauen des Kriegs erlitten hat. Die Nazis und ihre Gesinnungsgenossen verurteilten dieses und die vorbereitenden Werke als „Beschimpfung der deutschen Helden des Weltkriegs".

Die Autoren

Andreas Geldner (Autorenkürzel: *age*)
hat Deutsch, Geschichte und evangelische Theologie in Tübingen, Besancon und Freiburg studiert. Seit 1991 ist er Redakteur bei der Stuttgarter Zeitung, wo er für das Ressort Innenpolitik schreibt.

Dr. Michael Trauthig (Autorenkürzel: *rau*)
hat evangelische Theologie und Geschichte in Tübingen und Heidelberg studiert und in Geschichte mit einem kirchengeschichtlichen Thema promoviert. Seit 1999 arbeitet er als politischer Redakteur für die Stuttgarter Zeitung. Er hat zahlreiche Beiträge zu kirchlichen Themen verfasst.

Christoph Wetzel (Bildauswahl und Legenden)
hat Kunst an den Kunstakademien in Stuttgart und Wien sowie Germanistik und Geschichte an den Universitäten München, Wien und Konstanz studiert. Er ist Autor zahlreicher Sachbücher aus dem Bereich Kunst, Literatur und Religion.

Verzeichnis der Redewendungen

Verzeichnis der Künstler

Handschriften

Hinweise zu den Kunstwerken

Bei Adam und Eva anfangen (S. 12)
„Das irdische Paradies"
Einleitungsbild in einer Handschrift der „Sieben Weltalter", um 1400 (S. 12)
Brüssel, Bibliothèque Royale de Belgique,
Ms. 9047, fol. 1v

Kainsmal (S. 14)
Fernand-Anne Piestre, gen. Corman, „Kain" (Ausschnitt), 1880
Öl auf Leinwand, Gesamtformat 384 x 700 cm
Paris, Musée d' Orsay

Alt wie Methusalem (S. 16)
„Die Nachkommen Adams"
Einleitungsbild zu den Paralipomena
(= Bücher der Chronik) in der Urbino-Bibel, 1476–78
Vatikan, Biblioteca Apostolica Vaticana,
Urb. Lat.1, fol. 167r

Nach mir die Sintflut (S. 18)
Wassily Kandinsky, „Improvisation Sintflut", 1913
Öl auf Leinwand, 95 x 150 cm
München, Städtische Galerie im Lenbachhaus

Babylonisches Sprachverwirrung (S. 20)
Bernhard Heisig, „Neues vom Turmbau", 1977
Öl auf Leinwand, 48 x 118 cm
Halle, Staatliche Galerie Moritzburg

Sodom und Gomorra (S. 22)
Otto Dix, „Lot und seine Töchter", 1939
Mischtechnik auf Hartfaserplatte, 195 x 130 cm
Aachen, Suermondt-Ludwig-Museum

Das Land, wo Milch und Honig fließt (S. 24)
Maerten de Vos, „Die Israeliten sammeln das Manna", nach 1570
Öl auf Holz, 153,7 x 158,2 cm
München, Alte Pinakothek

Auge um Auge, Zahn um Zahn (S. 26)
„Züchtigung eines Juden durch einen ägyptischen Aufsehen und dessen Ermordung durch Mose"
Winchesterbibel, um 1150
Winchester, Cathedral Library, fol. 21r

Tanz ums goldene Kalb (S. 28)
Emil Nolde, „Der Tanz um das goldene Kalb", 1910
Öl auf Leinwand, 88 x 105,5 cm
München, Pinakothek der Moderne

Jemandem die Leviten lesen (S. 30)
„Unreinheit bei Männern"
Wenzelsbibel, um 1400
Wien, Österreich. Nationalbibliothek, Cod. 2759, fol. 114v

Zum Sündenbock machen (S. 32)
William Holman Hunt, „Der Sündenbock", 1854/55
Öl auf Leinwand
Lady Lever Collection, Port Sunlight (Cheshire)

Alle Jubeljahre einmal (S. 34)
Ben Shahn, „Dritte Allegorie", 1955
Tempera auf Papier, 99,5 x 64,5 cm
Vatikan, Collezione d'Arte Religiosa Moderna

Einen Denkzettel verpassen (S. 36)
Marc Chagall, „Betender Jude (Der Rabbi von Witebsk)", 1914
Öl auf Leinwand, 117 x 89 cm
Chicago, The Art Institute

Wie seinen Augapfel hüten (S. 38)
Rembrandt, „Jakob ringt mit dem Engel", 1659/60
Öl auf Leinwand, 137 x 116 cm
Berlin, SMPK, Gemäldegalerie

Über den Jordan gehen (S. 40)
Hans Baldung Grien, „Schönheit und Tod",
um 1509–11
Öl auf Holz, 43,2 x 30,2 cm
Privatsammlung

David gegen Goliat (S. 42)
Caravaggio, „David mit dem Haupt des Goliat",
1605/06
Öl auf Leinwand, 125 x 101 cm
Rom, Galleria Borghese

Ein Salomonisches Urteil (S. 44)
Piero della Francesca, „Salomo und die Königin von Saba", um 1460
Ausschnitt aus dem zehnteiligen Freskenzyklus „Die Legende vom Heiligen Kreuz" im Chor von San Francesco in Arezzo

In Sack und Asche gehen (S. 46)
Rembrandt, „Ahasveros, Mordechai und Haman",
um 1660
Öl auf Leinwand, 127 x 117 cm
St. Petersburg, Eremitage

Hiobsbotschaft (S. 48)
Albrecht Dürer, „Hiob im Elend", um 1503–05
Öl auf Holz, 96 x 51 cm
Frankfurt, Städelsches Kunstinstitut

Wer anderen eine Grube gräbt (S. 50)
Pieter Bruegel d. Ä. „Die niederländischen Sprichwörter" (Detail), 1559
Öl auf Holz, Gesamtformat 117 x 163 cm
Berlin, SMPK, Gemäldegalerie

Bleibe im Lande und nähre dich redlich (S. 52)
Palma il Vecchio, „Jakob und Rahel",
um 1520–25
Öl auf Leinwand, Gesamtformat 146,5 x 150,5 cm
Dresden, Gemäldegalerie Alte Meister

Jemanden unter die Fittiche nehmen (S. 54)
Rembrandt, „Die Heimkehr des verlorenen Sohnes",
um 1662
Öl auf Leinwand, 262 x 206
St. Petersburg, Eremitage

Den Seinen gibt es der Herr im Schlaf (S. 56)
„Jakobs Traum von der Himmelsleiter und die Salbung des Steins von Bethel"
Psalter Ludwigs IX., des Heiligen, um 1260
Paris, Bibliothèque Nationale, Ms. lat. 10525, fol. 13v

Hochmut kommt vor dem Fall (S. 58)
Meister Bertram, „Der Engelsturz"
Tafel des Petrialtars, vollendet 1383
Hamburg, Kunsthalle

In einem Elfenbeinturm leben (S. 60)
Gustav Klimt, „Der Kuss (Erfüllung)", 1907/08
Öl auf Leinwand, 180 x 180 cm
Wien, Österreichische Galerie Belvedere

Der Stein des Anstoßes (S. 62)
Max Ernst, „Die Jungfrau verhaut das Jesuskind vor drei Zeugen", 1926
Öl auf Leinwand, 195 x 130 cm
Köln, Museum Ludwig

Ein Lippenbekenntnis ablegen (S. 64)
„Der Prophet Amos"
Bible moralisée, um 1230
Toledo, Schatz der Kathedrale, vol. II, fol. 212

Ein Menetekel (S. 66)
Rembrandt, „Belsazar und die schreibende Hand“, um 1635
Öl auf Leinwand, 167,6 x 209,2 cm
London, National Gallery

Ein Rufer in der Wüste (S. 70)
Carl Hofer, „Der Rufer“, um 1924
Öl auf Leinwand, 109 x 88 cm
Dresden, Gemäldegalerie Neue Meister

Die Spreu vom Weizen trennen (S. 72)
Vincent van Gogh, „Der Sämann“, 1888
Öl auf Jute auf Leinwand, 73,5 x 93 cm
Zürich, Stiftung Sammlung Bührle

In die Wüste schicken (S. 74)
Iwan Nikolajewitsch Kramskoj, „Christus in der Wüste“, 1872
Öl auf Leinwand, 180 x 210 cm
Moskau, Tretjakow-Galerie

Sein Licht unter den Scheffel stellen (S. 76)
Georges La Tour, „Der hl. Josef als Zimmermann“, um 1640
Öl auf Leinwand, 137 x 102 cm
Paris, Musée du Louvre

Perlen vor die Säue werfen (S. 78)
Pieter Bruegel d. Ä. „Die niederländische Sprichwörter (Detail), 1559
Öl auf Holz, Gesamtformat 117 x 163 cm
Berlin, SMPK, Gemäldegalerie

Wer suchet, der findet (S. 80)
Domenico Fetti, „Das Gleichnis vom verlorenen Groschen“, um 1620
Öl auf Holz, 55 x 44 cm
Dresden, Gemäldegalerie Alte Meister

Neuer Wein in alten Schläuchen (S. 82)
Karl Schmidt-Rottluff, „Die Pharisäer“, 1912
Öl auf Leinwand, 76 x 103 cm
New York, Museum of Modern Art

Mit seinen Pfunden wuchern (S. 84)
Hieronymus Bosch, „Der Tod des Geizigen“ (Ausschnitt), um 1475
Öl auf Holz, Gesamtformat 93 x 31 cm
Washington, National Gallery of Art

Sein Scherflein beitragen (S. 86)
„Das Scherflein der Witwe“
Evangeliar Ottos III., um 998–1001
München, Bayerische Staatsbibliothek, Clm. 4453, fol. 192r

Ein barmherziger Samariter (S. 88)
Vincent von Gogh, „Der barmherzige Samariter“ (nach Delacroix), 1889
Öl auf Leinwand, 73 x 60 cm
Oterlo, Kröller-Müller-Museum

Der verlorene Sohn (S. 90)
Max Beckmann, „Der verlorene Sohn“, 1949
Öl auf Leinwand, 100 x 120 cm
Hannover, Sprengel Museum

Wie in Abrahams Schoß (S. 92)
„Der arme Lazarus in Abrahams Schoß“
Neues Testament aus Verona, um 1250
Vatikan, Biblioteca Apostolica Vaticana, Vat. lat. 39, fol. 58r

Den ersten Stein werfen (S. 94)
Max Beckmann, „Christus und die Sünderin“, 1917
Öl auf Leinwand, 150 x 128 cm
St. Louis, Art Museum

Der Kelch geht an einem vorüber (S. 96)
Matteus Storm, „Christus am Ölberg“, um 1625
Öl auf Leinwand, 152 x 199
Berlin, SMPK, Gemäldegalerie

Da kräht kein Hahn danach (S. 98)
Otto Dix, „Petrus und der Hahn“, 1958
Pastell, 57 x 44 cm
Deutschland, Privatsammlung

Judaslohn (S. 100)
Rembrandt, „Judas gibt die 30 Silberlinge zurück“, 1629
Öl auf Holz, 79 x 102,3 cm
England, Privatsammlung

Seine Hände in Unschuld waschen (S. 102)
Matthias Stomer, „Die Handwaschung Pilati“, um 1600
Öl auf Leinwand, 150 x 205 cm
Paris, Musée du Louvre

Sein Kreuz zu tragen haben (S. 104)
Hieronymus Bosch, „Die Kreuztragung Christi“, um 1505/07
Öl auf Holz, 150 x 94 cm
Madrid, Escorial

Seine Feuertaufe bestehen (S. 106)
Emil Nolde, „Pfingsten“, 1909
Öl auf Leinwand, 87 x 107 cm
Berlin, SMPK, Neue Nationalgalerie

Vom Saulus zum Paulus werden (S. 108)
Michelangelo, „Bekehrung des Saulus“ (Ausschnitt), um 1545
Vatikan, Cappella Paolina

Mit Engelszungen reden (S. 110)
Paul Klee, „Erzengel“, 1938,82 (G2)
Öl- und Kleisterfarbe auf Baumwolle auf Jute, 100 x 65 cm
München, Städtische Galerie im Lenbachhaus

In jemandes Fußtapfen treten (S. 112)
Annibale Carracci, „Christus erscheint auf der Via Appia dem hl. Petrus (Domine, Quo vadis?)“, 1602
Öl auf Holz, 66,4 x 56,3 cm
London, National Gallery

Ein Buch mit sieben Siegeln (S. 114)
Brüder von Limburg, „Himmelsvision des Johannes auf Patmos“, um 1415;
Detail des Evangelistenbildes des Johannes in:
„Très Riches Heures de Duc de Berry“
Chantilly, Musée Condé, Ms. 1284, fol. 17r

Apokalyptische Zustände (S. 116)
Otto Dix, Mitteltafel des Triptychons „Der Krieg“, 1929–32
Tempera auf Holz, 204 x 204 cm
Dresden, Galerie Neue Meister

Bildnachweis

Museen/Sammlungen:
Berlin, SMPK, Gemäldegalerie, 39, 51, 79, 96
Berlin, SMPK, Neue Nationalgalerie, 107
Chantilly, Musée Condé, 115
Chicago, Art Institute, 37
Dresden, Gemäldegalerie Alte Meister, 53
Dresden, Gemäldegalerie Neue Meister, 71
Hannover, Sprengel Museum, 91
Köln, Museum Ludwig, 63
London, National Gallery, 113
München, Alte Pinakothek, 25
München, Bayerische Staatsbibliothek, 87
München, Pinakothek der Moderne, 29
München, Städtische Galerie im Lenbachhaus, 10/11, 19, 111
New York, Museum of Modern Art, 68/69, 83
Otterlo, Kröller-Müller-Museum, 89
Paris, Musée du Louvre, 77
St. Petersburg, Eremitage, 55
Wien, Österreichische Galerie Belvedere, 61
Zürich, Stiftung Sammlung Bührle, 73

Agenturen/Fotografen:
AKG, 13, 21, 23, 33, 43, 65, 67, 77, 81, 95, 99, 103, 105, 117
Artothek, 15, 47, 49, 59, 75
Bildarchiv Preußischer Kulturbesitz, 27, 51
Bridgeman, 35, 41, 85, 107
Scala, 45

Die anderen Abbildungen stammen aus den Archiven der Autoren und des Verlags.

Hervorgegangen aus der
Reihe „bibelfest" der
STUTTGARTER ZEITUNG

Redaktion: Bernhard Kolb, Dirk Zimmermann
Grafische Gestaltung, Satz und Produktion: Buchherstellung Dotzauer, Stuttgart
Reproduktionen: Zanotto Silverio & C., Tezze, Italien
Druck: Print Consult, München

Bibliografische Information der Deutschen Nationalbibliothek
Die Deutsche Nationalbibliothek verzeichnet diese Publikation in der Deutschen Nationalbibliografie; detaillierte bibliografische Daten sind im Internet über http://dnb.d-nb.de abrufbar.

FSC www.fsc.org
MIX
Papier aus verantwortungsvollen Quellen
FSC® C084279

Die Bibelzitate sind der Lutherbibel, revidierte Fassung 1984, durchgesehene Ausgabe in neuer Rechtschreibung 1999, entnommen; Seite 34: Text der Einheitsübersetzung der Heiligen Schrift 1980.

Umschlagvorderseite:
Pieter Brueghel d. Ä., Die niederländischen Sprichwörter,
1559, Öl/Eichenholz, 117 x 163 cm, Gemäldegalerie, Staatliche Museen zu Berlin
© bpk/Gemäldegalerie, SMB/Jörg P. Anders

ISBN 978-3-7630-2606-7